어쩌다 보니,
시카고의
피자 레이디

일러두기
등장인물의 익명성 보장을 위해 가명을 사용하고,
등장인물과 관련된 일부 정보를 변형해서 실었음을 밝힌다.

어쩌다 보니,
시카고의
피자 레이디

기혜리 지음

초록펭귄

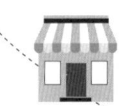

프롤로그

이 책은 미국, 이민자의 나라에서 제2의 고향을 찾고, 뿌리를 내리며 살아가는 사람들의 이야기이다. 그들의 부모, 조부모, 혹은 훨씬 이전의 조상들은 이 낯선 땅에서 새로운 삶을 시작했다. 그들도 처음에는 불안과 설렘, 두려움과 희망을 동시에 품고 이 땅에 발을 디딘 이민자들이었다. 그들의 치열했던 인생을 발판 삼아, 지금은 다음 세대가 당당히 미국의 한 구성원으로 일상을 살아가고 있다.

이제 나도 그들처럼 새로운 땅에서 내 삶의 한 페이지를 써가고 있다. 인생이 맑은 날만 있는 것은 아니듯 이곳의 삶에도 고되고 힘든 날도 많다. 지쳐가는 우리에게 가게를 오가는 손님들은 그냥 손님이 아니다. 그들 덕분에 우리 마음은 따뜻해지고, 그들의 격려와 지지가 있어 지금의 우리가 있는 것이다.

    시카고 하면 흔히들 다운타운의 높은 빌딩, 고가철도, 그리고 그 속에서 바쁜 일상을 살아가는 사람들을 상상하지만, 내가 사는 곳은 다운타운과는 달리 대부분이 토박이들로 구성된 유동 인구가 거의 없는 한적한 작은 동네이다. 우리는 이곳에서 조그마한 로컬 피자 가게를 운영하고 있다. 여기서 우리는 이 지역의 손님들과 소통하고, 그들과 함께 의미 있는 순간들을 만들어 가고 있다. 그런 의미에서 이 책은 일상의 기록을 통해, 내가 인간적으로 성장하고 발전해 나가는 과정을 담은 결과물이다.

    고등학교 시절, 나의 일상을 담은 일기장을 우연히 본 이가 있었다. 나의 투박한 일기가 그의 맘에 들었던 것일까? 어느 날 갑자기 "지금도 일기 써?"라는 그의 물음이, 이 책의 시작이 되었다. 손사래 치며 "내가 무슨 글을 쓰냐?"고 하며 뒷

걸음질 쳤지만, 책을 내보자는 제안이 내심 좋았던 모양이다. 글쓰기를 제대로 배워본 적 없던 내게, 나의 경험과 일상을 담은 책이 생긴다는 것은 상상만으로도 너무 흥분되는 일이었다. 나의 평범하고 소소한 하루하루가 이렇게 한 권의 책으로 나올 수 있었던 건 뜻밖의 기회를 만들어 준 그의 아낌없는 격려와 도움 덕분이다.

이 책의 목적은 단지 나의 삶이나 피자 가게의 일상을 공유하는 데 그치지 않는다. 나는 이곳에서 만나는 다양한 사람들과 그들의 삶을 통해, 비록 서로의 언어와 문화가 다를지라도 인간으로서의 본질적인 감정과 소통은 어디에서나 크게 다르지 않다는 것을 깨닫고 있다. 영어에는 없는 단어이지만, '정(情)'이라 표현되는 깊은 감정이 여기서도 존재한다. 이민자로서의 삶은 때로는 외롭고 힘들지만, 이 책에서 나는 우리가 어디에 있건, 우리는 인간으로서 서로의 감정을 느끼고 이

해하며, 서로를 보듬어 주는 존재임을 말하고 싶었다.

그리고 지금, 이 순간 한국에서의 삶이 실망스러워 한국을 떠나 새로운 나라로 이민을 고려하는 분이 있다면, 타국에서의 삶은 아름다운 낭만이 아니라 수많은 허들을 넘어야 하는 엄청난 도전이라는 사실을 전하고 싶다. 이민자의 삶은 새로운 공동체의 일원이 되기 위해 끊임없이 노력하고, 때로는 좌절을 겪으면서도 매일 또 다른 허들을 넘기 위해 도움닫기를 해야 하는 과정이다. 이 책을 통해 독자들이 이민자가 겪는 현실을 이해하고, 힘든 삶 속에도 숨겨진 행복과 희망이 있다는 걸 발견하는 계기가 되길 바란다.

더불어 평범한 시카고의 작은 피자 가게에서 만난 다양한 사람들과의 소중한 인연, 그리고 그들의 이야기 속에서 느낀 따뜻함과 감사의 마음이 독자 여러분에게도 작은 위로와 희망이 되기를 기대해 본다.

차례

프롤로그 006

하나. 설레임… 그리고 시작
피자 레이디 015
꿈꾸는 자는 023
멘토 라몬 030
그릭 스타일 036

둘. 절벽 끝에서
목요일 준비! 047
피자는 들러리 052
가전제품 스토어 056
월요일 059
돈나무 063
무반응 065
전단지 067
숙희 069
한 울타리 074
한인 청년 077
치기공 080
알량한 자존심 085

셋. 꿈을 심어 주었어

남은 2천 불   093

잇단 사고   097

리뷰   105

스파이   107

백마 탄 라일리   110

꼬마 캐서린   114

도서관 가는 길, 코코   117

우리가 누군가에겐, 스미스네   121

마일스와 제인, 그리고 다비드   124

"체인징 잇 업!" 아이린   128

게으른 레이나   131

뉴요커 회계사 커크   133

마음을 나누며   137

취업 이민 영주권   139

넷. 어쩌다 보니

나도 한번 가볼까? 미국!   145

ESL   148

첫 어학원   151

미니밴   156

명태전 있나요?   160

외로움과 두려움을   165

그날 이후,   171

다섯. 산다는 건

언어, 기죽지 말자!　179
홈스쿨링　182
대학교 드롭아웃과 유학　185
단순한 일　187
거리의 외침　189
빈곤 문제　191
행복의 조건　195
주말여행　198

여섯. 함께이기에

부고와 삶　203
매니저 아저씨　206
현정 언니　209
벤자민의 암　212
어금니　215
교수와 학생　220
임플란트 완성기　223
오디 픽업　226
농사　229
냉장고　232
우리의 마음　235
시카고 보타닉 가든　237
핑거 프린트　242

에필로그　246
감사의 글　250

하나.

설레임…

그리고

시작

피자 레이디

띵동띵동, 콩콩콩콩, 딸깍!

피자가 도착한 게 신나서 뛰어오는 귀염둥이 꼬마 공주님,

"Hello~."

힘차게 뛰어오던 발걸음과 달리, 문을 열고는 수줍게 "헬로" 인사하더니 집 안에 있는 엄마를 부른다.

"Mom~, the pizza guy is here!"

느긋하게 걸어오며 나를 본 엄마는,

"Oh~, the pizza lady is here."

꼬마 공주님을 보며 "She is the pizza lady"라고 가르쳤다.

피자 배달원이 대개 남자들이라서, 배달을 갈 때 그들은 무심코 "헤이, 맨"이라고 인사를 하곤 한다. 하지만 목소리를 듣고 얼굴을 보게 되면, "앗! 미안해요"라며 사과하는 경우가 많다. 나는 시카고 교외의 작은 동네에서 피자 가게를 운영하며 피자 배달 일을 하고 있다.

뽈렐레레레~ 뽈렐레레레~ ♪♬

리처드 전화 주셔서 감사합니다. 어떻게 도와드릴까요?
손님 거기 OO 피자 가게 아닌가요?
리처드 맞습니다. 주문 도와드릴까요?
손님 매일 전화 받던 남자분은 어디 갔어요?
　　　　주인 바뀌었어요?
리처드 네, 그분 이제 여기서 일 안 ㅎ….

뚜뚜뚜뚜뚜….

뽈렐레레레~ 뽈렐레레레~ ♪♬

리처드 우리 가게를 선택해 주셔서 감사합니다.
　　　　저는 리처드입니다. 무엇을 도와드릴까요?
손님 OO 사장님 바꿔주세요.
리처드 OO 사장님 이제 여기서 일 안 하십니다.

손님   나중에 다시 전화할게요.

시작 초기 이런 전화를 수도 없이 받았다. 이 동네는 토박이들이 주를 이루고 있어서 새로운 사람들에 대한 경계가 다른 지역보다 더 심하다는 것을 알게 되었다. 그럼에도 전 주인의 단골이었던 제니퍼, 그녀는 다른 손님들과는 조금 달랐다. 오후 3시 반, 전화벨이 울렸다.

뽈렐레레레~ 뽈렐레레레~♪♩♫

리처드   저희 가게를 선택해 주셔서 감사합니다.
　　　　 저는 리처드입니다. 어떻게 도와드릴까요?
제니퍼   아, 정말 전문가다운 전화 응대네요~.
　　　　 저는 제니퍼라고 합니다. 처음 듣는 목소리인데요?
리처드   네, 저희가 가게를 인수한 지 얼마 안 되었습니다.
제니퍼   그렇군요, 축하합니다. 우리 동네에 오신 걸 환영해요.
리처드   네~, 감사합니다. 무엇을 도와드릴까요?
제니퍼   배달 주문하려고 합니다. 가든 샐러드에 사우전드 아일랜드 드레싱, 14인치 미디엄 씬 크러스트, 반은 시금치, 블랙 올리브, 반은 소시지 피자로 해주세요.

시작 초기, 배달이 없을 때 인건비를 절감하기 위해 내가 자원해서 멀티플레이를 하기로 했다. 배달이 없으면 가게 일을 도와 음식을 만들고, 배달이 오면 내가 직접 나갔다. 첫 배달, 리처드는 내 긴장을 감지하고 걱정하며 신신당부했다. 차 조심하고, 가기 전에는 주소를 꼭 확인하고, 배달지를 못 찾으면 가게로 바로 돌아오라고 하며, 여차하면 뒤따라올 기세였다. 나는 걱정하지 말라고 했지만, 내심 손님을 만났을 때 어떻게 해야 할지 고민이 됐다. '헬로우~ 인사하고, 크레딧 카드에 싸인 받고, 피자를 주고, 땡큐! 감사 인사하고, 바이~', 이런 시뮬레이션을 돌려보고 떨리는 마음으로 첫 배달을 나갔다.

좌회전, 직진, 좌회전, 우회전, 그리고 다섯 번째 집, 집 번호를 확인하고 초인종을 눌렀다. 문을 열고 나를 맞아준 사람은 따뜻한 미소를 띠고, 어깨를 살짝 덮는 파마머리를 반머리로 올려 집게 핀을 한 제니퍼였다. 제니퍼는 내가 운 좋게 처음으로 배달하게 된 손님이었다. 그녀는 목소리뿐 아니라 얼굴에도 따뜻함이 묻어났다.

제니퍼는 가게 근처, 5분 거리에 자리한 단독주택에서 고등학교에 다니는 두 아들과, 숏컷을 한 백발의 어머니와 함께 살았다. 제니퍼보다 더 인자해 보이는 할머니는 자주 차고 옆 의자에 앉아 계셨다. 그곳에서 햇살을 받는 게 좋다고 하셨다.

제니퍼는 미리 준비한 펜을 들고 반갑게 날 맞이해 주었다. 계산된 크레딧 카드 영수증에 팁을 남기고 사인을 했다. 제니퍼는 리처드에게 했던 말을 나에게도 똑같이 했다. "새로 오픈하셨다면서요? 우리 동네에 오신 걸 환영해요. 행운이 있길 바랄게요. 자주 주문할게요~." 제니퍼가 건넨 말 한마디, 손짓, 몸짓, 숨소리까지 모두 따뜻하게 느껴졌다. 떨리는 마음으로 나갔던 나의 첫 배달은 제니퍼 덕에 성공적이었다. 나중에 알게 된 바로 제니퍼는 다운타운에 있는 큰 회사의 고객 서비스 센터에서 일한다고 했다. 그녀는 직업 특성상 친절하고 배려 깊은 태도를 지니고 있었다. 또한 사람들과의 소통과 관계 형성이 얼마나 중요한지 알고 있었다. 그래서 도움이 필요한 사람들에게 친절을 베풀고, 우리에게도 따뜻하게 대해 준 것이 아니었나라는 생각이 들었다.

제니퍼는 주로 목요일이나 금요일, 때로는 두 아들이 피자를 먹고 싶어 해서 주말에도 자주 주문하곤 했다. 제니퍼는 추수감사절에 직접 구운 바나나 케이크를 나눠 주었고, 크리스마스에는 초콜릿 선물 상자를 건넸다. 그러다가 4년 후, 오늘이 마지막 주문이 될 것 같다는 소식을 전해왔다. 아이들이 고등학교를 졸업해서 제니퍼의 직장과 가까운 다운타운으로 이사 간다고 했다.

제니퍼가 떠난 후, 그녀가 살았던 집 근처에 배달이 있을 때면 그녀의 따뜻한 마음이 그리워진다. 만약 제니퍼가 나의 첫 배달 손님이 아니었다면, 그 첫 배달은 아마도 나의 마지막 배달이 되었을 것이다. 그녀의 인자함 덕분에 첫 배달을 무사히 마쳤고, '배달, 별것 없네'라고 생각하게 되었다. 하지만 제니퍼처럼 좋은 손님만 있는 것은 아니다.

어느 늦은 밤, 그날의 마지막 배달이었다. 고급 아파트 메인 현관에서 인터컴을 눌러도 반응이 없었다. 그래서 전화했지만, 전화도 받지 않았다. 온라인 주문이라서 온라인 커스터머 서비스$_{CSA}$에 전화를 해보니, 피자를 문 앞에 놓고 가라는 답변이 돌아왔다. 그러나 아파트 안에 들어갈 수조차 없었기 때문에 어떻게 놓고 가라는 건지 답답하기만 했다. 낮이면 다른 집 벨이라도 눌러볼 텐데, 시간이 늦어서 그럴 수 없었다. 밤 12시가 가까워지자 드나드는 아파트 주민들도 없었다.

이곳은 밤 9시나 10시쯤이면 거의 모든 상점은 문을 닫는다. 늦게까지 하는 곳은 편의점과 유명 피자나 버거 가맹점들이다. 12시 이후까지 가게 문을 여는 곳은 매우 드물다.

발을 동동 구르다가 겨우 아파트 주민을 만나 사정을 설명하고 아파트에 들어갔다. 손님이 사는 아파트 문을 열심히 두드렸으나, 인기척이 없었다. 결국, 온라인 CSA가 알려준 대로 문 앞에 피자를 놓고 왔다. 손님이 술에 취했는지, 약에 취했는지, 배달을 마무리하지 않고 온 것 같아 찜찜한 마음이 들었다. 하지만 손님과 연락이 될 때까지 기다릴 수 없는 노릇이다. 손님의 피자는 문 앞에 남겨졌다.

어떤 손님은 배달앱을 통해, 친구 집 주소로 배달시켰던 모양이다. 배달지가 친구 집으로 되어 있어서 갔는데, 주소 바꾸는 걸 잊어버렸다고 했다. 바로 옆집도 아니고, 한참 떨어진 정반대 방향에 살고 있는 자기 집으로 다시 가져다 달라니 난감했다.

또 어떤 손님은 키가 농구선수만 한 게 신기해서, 내 딴에는 친한 척한다고 "당신 키가 정말 크군요"라고 했더니, 리뷰에 내가 째려봤다며 피자는 맛있었으나 피자 레이디 때문에 3점의 별점을 줬다고 썼다.

어느 날에는 바람의 도시인 시카고의 겨울밤, 살이 에이는 날씨 속에서 벨을 누르고 밖에서 기다리고 있었다. 그런데 손님은 문을 열지 않고 잠깐 기다리라고 했다. 그러더니 한참 후에야 문을 열고 나와서 피자 가격을 물어보곤 다시 돈을 가지러 갔다. 피자를 주문했으면 미리 준비하고 기다려야 하는 게 아닌가 싶었다.

어떤 손님은 주문한 피자의 가운데 조각이 비었다고, 배달한 사람이 먹은 거 아니냐며 컴플레인 전화를 했다. 내가 직접 배달한 피자이다. 그렇다고 리처드가 피자를 자르다가 '아이고 배고파'라며 가운데 있는 피자를 집어 먹었을 이유도 없다. 내가 배달하다가 먹었을 이유는 더더욱 없다. 그 손님은 아마도 우리가 주인이라는 걸 모르고 컴플레인을 했을 것이다. 그런데도 리처드는 미안하다고 했고, 피자를 원하면 새로 만들어 주겠다고 했다. 손님이 말도 안 되는 리뷰를 남길까 봐서 그런다지만, 나로선 조금 억울한 생각이 들었다.

이렇듯 나는 이곳에서 다양한 손님들을 만나고 함께 부대끼면서, 인생의 새로운 챕터를 써가는 중이다. 피자를 만들고, 배달하며, 그들과 소통하면서 인생이 무엇인지 배우고 있다. 이런 나를, 그들은 '피자 레이디'라고 부른다.

꿈꾸는 자는

리처드의 하루는 오전 9시에 학교 점심 식사를 준비하는 것으로 시작됐다. 점심을 마친 후 1~2시간의 브레이크를 갖고, 오후 4시부터 새벽 1시까지 유명 피자 가게 가맹점에서 매니저로 일했다. 그는 점점 지쳐가고 있었다. 새벽 1시가 넘어서 집에 도착해 씻고 하다 보면, 새벽 2~3시쯤에야 하루의 긴장감을 내려놓고 비로소 잠이 들었다. 그래서 그는 학교 점심 식사 준비가 없는 날에는 12시간 넘게 자는 건 기본이고, 학생들보다 더 방학을 기다렸다.

　나는 종종 리처드에게 "당신이 가게를 열면 내가 매니저를 할테니, 당신은 사장을 하세요"라는 진심 어린 농담을 하곤 했다. 그런데 그 꿈은 얼마 지나지 않아 현실이 되었다. 나에겐 리처드가 피자 가게를 잘 운영할 것이라는 믿음이 있었다. 그는 보스의 가게를 위해 밤낮없이 자기 일처럼 열심히 일했기 때문이다. 가게에 오는 대개의 손님과 거래처 사람들은 그가 가맹점의 사장이라고 착각할 정도였다. 그런 그를 보면서 나는 점점 더 그를 부추겼다. 그동안 쌓아온 경험을 바탕으로 한번 도전해 보기를 말이다.

나의 채근에 못 이겨서였을까, 리처드는 자신의 가게를 열겠다는 결심을 굳혔다. 나는 피자 가게 오픈에 필요한 정보를 찾기 시작했다. 변호사에게 도움을 요청하고, 주변에 매물로 나온 피자 가게를 알아보았다. 공실이 있는 곳도 찾아봤다. 하지만, 아무것도 없는 상태에서 시작하면 인테리어 공사 비용, 주방 기기 세팅비, 타운 허가 및 기준에 맞는 공사 통과 등으로 들어가는 비용이 많아 우리의 투자금으로는 감당하기 어려울 것 같았다. 그래서 기존에 운영 중인 가게를 알아보기로 했다.

마침, 집에서 20분 거리에 있는 피자 가게가 매물로 나왔다. 피자 가게 옆에는 코인세탁소, 주류 소매점, 호프집이 있는 스트립 몰strip mall이었다. 피자 가게 뒤로는 호텔, 아파트, 주택가라 위치가 마음에 들었다. 리처드는 라몬에게 동행을 부탁했고, 라몬은 흔쾌히 함께해 주었다.

우리가 처음 본 가게 매물은 왜 그렇게 저렴하게 나왔는지, 그 이유를 단번에 알아챌 수 있었다. 오래된 주방 기기들은 언제 고장 나도 이상하지 않을 정도로 낡아 있었고, 노랗게 색이 바랜 천장에는 빗물이 새서 세계 지도가 그려져 있었다. 그리고 몇 안 되는 테이블과 의자도 오랜 세월의 흔적이 묻어있었다.

피자 가게를 둘러본 라몬은 원래 가격의 1/3로 낮춰서 협상하라고 했다. 그러나 가게 주인은 그 가격은 말도 안 된다고 화를 냈다. 협상 자체를 시도할 겨를도 없이 쫓겨나다시피 나와야 했다. 우리는 몇 번 더 협상을 시도했지만, 소용이 없었다. 사장님에게 이 피자 가게는 단순히 노후한 가게가 아니라, 이민 와서 피와 땀으로 일구고 자식들을 키워낸 자신만의 열정과 애착이 담긴 곳이었다. 사장님은 가게의 가치가 아닌 자신의 노고를 협상하고 싶지 않았던 것이다.

우리는 계속 매물을 찾아보았고, 현재의 가게를 발견했다. 이 가게는 우리의 재정에 맞는 적당한 곳이었다. 라몬은 입지 조건이 C등급이지만, 가격과 렌트비가 적당하다고 평가했다. 그는 계약서를 건물주와 변호사보다 더 꼼꼼히 검

토해 주었고, 스트립 몰 내에서 같은 메뉴의 음식을 팔지 못하게 하는 조항을 계약 사항에 추가하라고 조언했다. 라몬은 메뉴 이름을 정하지 못하고 있을 때도 매력적인 이름을 함께 고민해 주었고, 궁금한 점이 있을 때마다 문의하면 귀찮아하지 않고 항상 도움을 주었다.

가게 인수 전에는 변호사를 통해 사업자 등록을 하고, 식당 운영 라이센스를 받기 위해 식품 위생 교육을 받고 자격증을 취득해야 했다. 또한 비즈니스 은행 계좌 개설, 크레딧 카드 발급기 계약, 쓰레기 컨테이너 계약, 전화, 인터넷, 가스, 전기, 보험 가입 등 여러 가지 복잡한 일들과 함께 많은 양의 업무를 처리해야 했다. 그 과정에서 리처드는 감당할 수 없을 정도로 큰 스트레스를 받았다. 하지만 우리는 멈출 수 없었다.

가게 렌트계약은 건물주가 아닌 건물을 관리하는 에이전트를 통해 진행했다. 그 에이전트는 미국 드라마 '섹스 앤드 더 시티'에 나오는 여자 주인공들처럼 화려하게 차려입고 하이힐을 신은, 도도함을 한껏 풍기는 젊은 여성이었다. 하지만 그녀와의 관계는 좋지 않았다.

스트립 몰로 들어가는 큰길 입구에는 파일론Pylon Sign이 있다. 이는 스트립 몰 안에 어떤 비즈니스가 있는지 알려주는 간판으로 모든 가게의 이름이 적혀 있다. 계약 전에 그녀는 우리 가게 이름이 잘 보일 수 있도록 간판을 크게 바꿔주겠다고 했다. 하지만, 그 약속은 지켜지지 않았다. 하루는 리처드가 주차장에 있는 에이전트를 보고, 간판 변경에 관해 물어보려 다가갔다. 그런데 에이전트는 대화를 시도하자마자 차 문을 닫으며, 예약 없이 얘기하려 한다고 다짜고짜 화를 냈다. 그녀는 "Stop harassing me"라며 자신을 괴롭히지 말라고 소리쳤다. 정작 약속을 지키지 않은 건 그녀였는데 말이다. 본인의 일을 제대로 하지 않아 방어적인 행동을 했던 것인지, 그녀의 그런 행동을 쉽게 이해할 수는 없었다.

　결국 우리는 건물 관리 사무소에 약속 이행을 요구하는 공식 통보문을 보냈다. 오랜 시간이 걸린 끝에 가게 간판이 파일론에 걸렸다. 그 간판은 크지도 않았을뿐더러 특별히 사람들의 눈을 사로잡지도 못했다. 그 에이전트는 한 번도 우리에게 호의적이지 않았고, 건물주가 바뀐 이후로 다시 볼 일은 없었다.

　가게 인수 당일, 우리는 남아 있는 식자재, 즉 인벤토리 inventory 가격을 흥정해야 했다. 이전 주인은 식자재의 가격을 터무니없이 높게 불렀다. 흥정 과정이니 그럴 수 있다고 생각한다. 문제는 그들조차도 사용하지 않는 오래된 물건들, 그리고 우리는 더욱더 전혀 쓸 일이 없는 것들까지 포함하려 했다는 점이다. 우리는 그들이 요구하는 금액을 전부 지불할 수 없다고 말했다. 그러자 이전 주인은 가게 안을 여기저기로 뛰어다니며 화를 냈다. 우리는 그 상황에 놀라서 라몬에게 곧바로 전화했다. 라몬은 우리가 처음 제안했던 가격을 고수하라고 조언했다. 결국 중개인이 나서서 인벤토리 가격 차이를 부담하기로 했다. 그제야 전 주인은 상황을 받아들였다.

나중에 알았지만, 좋은 건물주를 만나 협상하면 2~3개월의 무료 렌트를 받을 수 있다고 한다. 그렇게 했다면 우리는 좀 더 여유롭게 시작할 수 있었을 텐데, 당시 우리는 무지했다. 경험과 지식이 없으면 결국 손해를 본다는 사실은 인생의 여러 상황 속에서 자주 마주하게 된다.

시간은 곧 돈이었기 때문에, 우리는 즉시 가게 인테리어 공사를 시작해야 했다. 리처드는 집을 리모델링 했던 친구에게 도움을 청했다. 그 친구는 3명의 작업팀을 데리고 와서 하루 만에 모든 일을 끝냈다. 먼저 매장에 있던 낡은 진열 냉장고를 빼냈고, 그 자리에 음식 사진, 컴퓨터, 전화기를 놓을 수 있는 카운터를 배치했다. 주방과 카운터 중간에 있는 벽을 뚫어, 카운터에서 주방이 보이도록 만들었다. 인건비를 아끼기 위해 주방 내부는 우리 둘이서 직접 페인트칠을 했다. 주방 기기들을 최적의 동선으로 재배치하고 대청소까지 끝내니, 이제 꽤 그럴싸한 피자 가게의 모습을 갖추게 되었다.

멘토 라몬

그랜드 오프닝이라고는 했지만, 특별한 이벤트나 화려한 행사는 없었다. 그냥 우리끼리 가게의 시작을 알린 날이었다. 라몬은 아버님을 모시고 아내와 함께 와서 개업을 축하해 주었다. 라몬의 아버님은 인디애나주에 살고 계시는데, 잠시 방문 중이라 함께 오신 것이었다. 아버님은 우리가 흔히 생각하는 인자하고 평범한 미국 할아버지의 모습이었다. 그는 가게의 하얀 바닥 타일을 보고 아주 마음에 든다고 하셨다. 하지만 우리 입장은 달랐다. 그 하얀 타일은 표면이 매끄럽지 않아, 때가 잘 타서 관리하기가 무척 번거롭다. 그렇다고 돈을 들여 멀쩡한 바닥을 새로 바꿀 생각은 엄두도 못 냈다. 라몬은 카운터에서 주방을 볼 수 있도록 한 것을 특히 좋아하며, 그것이 손님들에게 신뢰를 줄 것이라고 칭찬했다. 그리고 부족한 점이나 개선해야 할 것들에 대한 조언도 아낌없이 해주었다.

※

　라몬은 리처드가 전에 함께 일했던 사장님의 친구였다. 그들의 인연은 전 직장에서 시작되었고, 라몬은 늘 성실하게 일하는 리처드를 높이 평가했다. 그래서 자주 리처드의 안부를 묻고, 콜롬비아 여행을 다녀온 후에는 그곳의 치안이 좋아졌다며 함께 여행을 가자고 권유하기도 했다. 리처드가 미국 생활에 대해 궁금한 점이 있을 때면, 라몬은 아무 대가 없이 자기의 경험과 생각을 나누었다. 그런 라몬의 부탁이라면, 리처드도 언제나 기쁜 마음으로 달려갔다.

　한 번은 리처드가 일주일에 딱 하루! 유일하게 쉬는 날 아침이었다. 라몬은 일손이 부족하다며 학교 점심 식사 준비를 도와달라고 부탁했다. 리처드는 자기가 그렇게 좋아하는 아침잠을 포기하고 한걸음에 달려갔다. 리처드는 라몬을 진심으로 존경했고, 피를 나눈 형제보다 더 가까운 존재로 여겼다.

　리처드가 라몬을 멘토로 여기고 더 가까워진 계기는 바

로 피자 가게 오픈이었다. 피자 가게를 시작하기 전, 모든 게 두려웠던 리처드는 라몬에게 도움을 청하고자 점심 식사 약속을 잡았다. 혹시나 라몬이 도와줄 수 없다고 할까 봐 걱정스런 마음으로 라몬의 집 근처에 있는 스테이크하우스로 향했다. 라몬은 항상 주문하던 대로 토마토를 뺀 햄버거와 다이어트 캔 콜라 두 개를 시켰고, 리처드는 스테이크를 주문했다. 식사하면서 리처드는 피자 가게를 열 계획인데 도와줄 수 있겠냐고 물었고, 라몬은 한 치의 망설임도 없이 도와주겠다고 했다. 그 말은 리처드에게 금과도 같았다. 그 순간, 리처드는 모든 두려움을 떨치고, 마치 천군만마를 얻은 듯 행복해했다.

라몬은 모든 걸 다 가진 듯 보였지만, 그가 가지지 못한 단 하나가 있었다. 바로 그의 건강이었다. 선천적인지 후천적인지는 알 수 없었지만, 그의 턱은 얼굴 중앙에서 벗어나 있었고, 오른팔은 왼팔보다 훨씬 얇았으며, 걸을 때도 한쪽 다리를 약간 절었다. 게다가 라몬은 신부전증을 앓고 있었다. 이로 인해 그는 자주 병원을 찾아야 했다. 그럼에도 불구하고 라몬은 누구보다 총명하고 비범한 사람이었다. 그의 지혜와 열정은 주위 사람들에게 영감을 주었고, 진정한 강함이 무엇인지 일깨워 주었다. 또 그는 탁월한 리더십을 발휘하며 우리를 이끌었고, 우리의 성공을 누구보다 진심으로 바랐다. 그는 우리의 작은 발전에도 칭찬을 아끼지 않았고, 우리가 성공의 길로 나아가고 있다며 늘 격려해 주었다. 우리가 낙심하고 있을 때도, 그의 응원은 우리에게 무한한 용기와 희망을 불어넣어 주었다.

우리가 라몬을 마지막으로 만난 지도 어느덧 7~8년이 되어간다. 그가 세상을 떠나기 한 달 전, 우리는 브라질 식당에서 함께 점심 식사를 했다. 그때 그의 상태가 그리 나빠 보이지 않았기에, 그날의 식사가 우리가 함께하는 마지막 식사가 될 줄은 상상도 못 했다. 라몬이 세상을 떠났다는 소식을 듣고, 리처드는 마치 모든 것을 잃은 듯 깊은 슬픔에 빠졌다.

우리에게 라몬은 언제나 기댈 수 있는 커다란 한 그루의 소나무 같은 존재였다. 이방인으로서 새로운 언어와 문화 속에서 사업을 시작하는 건 결코 쉬운 일이 아니었고, 그 자체로 큰 용기가 필요했다. 하지만 라몬은 우리가 첫발을 내딛기 전부터 항상 곁에서 응원해 주고, 길을 잃지 않도록 방향을 잡아 주었다. 그의 진심 어린 관심과 배려, 그리고 희망의 말들은 우리가 이 사회에서 점차 자리를 잡아가는 데 큰 힘이 되었다.

우리는 라몬에게 받은 따뜻한 마음을 다른 사람들에게도 나누려고 노력하고 있다. 새로 장사를 시작하는 사람들에게 우리의 경험을 공유하고, 피자 박스에 그들의 전단지를 붙여 주며 홍보를 돕는다. 저렴한 전단지 인쇄소를 소개해 주기도 하고, 필요한 것이 있으면 언제든 찾아오라고 마음을 열어준다. 특히 리처드는 라몬에게 받았던 그 따뜻한 마음을 다른 사람들도 느낄 수 있도록 누구보다 열심이다. 이는 단순한 상업적인 관계를 넘어, 서로가 서로에게 힘이 되고자 하는 마음이다. 우리가 라몬에게 받은 따뜻한 마음이 리처드를 통해 다른 사람들에게 전달되고, 그들이 그 마음을 또 다른 누군가에게 전해줄 때, 이런 작은 선순환이 모여 결국 따뜻한 이웃, 그리고 더 나아가 바람직한 사회가 만들어지는 것이라 생각한다. 이것이 라몬의 마음이다.

리처드는 지금도 라몬과 함께했던 일들을 말할 때면 어린아이가 된다. 마치 어린아이가 동네 친구들과 신나게 놀다 와서 엄마에게 어떤 일이 있었는지 하나도 거르지 않고 말하듯 한다. 한 톤 올라간 격앙된 목소리로 라몬의 흉내도 내고, 서로의 별명을 부르며 즐거워하던 그 순간으로 돌아가

라몬과 함께 있는 것처럼 행복해한다. 그럴 때면 라몬이 정말 옆에 있는 것 같은 기분이 들기도 한다. 리처드는 지금도 라몬을 잊지 않고 기쁠 때나 슬플 때나 크리스천들이 예수님을 찾듯, 수시로 그에게 감사의 마음을 전하고 있다. 라몬이 있는 그곳에서 평안하기를 기도해 본다.

그릭 스타일

가게만 열면 모든 일이 순조롭게 흘러갈 거로 생각했지만, 막상 시작해 보니 현실은 전혀 달랐다. 진짜 어려움은 오픈한 이후부터였고, 매일 새로운 문제들을 마주해야 했다. 전 주인은 작은 체구에 항상 모자를 깊게 눌러쓰고, 오래된 검은색 클래식 해치백 차를 몰고 다녔다. 그는 우리에게 2주 동안 트레이닝을 해주고, 레시피뿐만 아니라 가게와 계약된 회사들의 점심 장사 계약까지 넘겨주겠다고 약속했다. 그러나 실제 트레이닝은 약속된 2주가 아닌 일주일 만에 끝났고, 그가 알려준 피자 레시피는 레시피라고 부르기도 민망한 수준이었다.

예전에 잠시 학원에서 학생들을 가르친 적이 있다. 그때 나는 성격이 급하고 기다리는 것을 못 견디는 나 자신을 발견하고, 가르치는 일이 나에게 맞지 않다고 생각했다. 그런데 전 주인은 나보다도 더했다. 그는 친절과는 거리가 멀었고, 자기가 가진 지식이나 경험을 나누는 것에 대한 의지가 전혀 없었다. 그를 통해 아무리 경험이 많고 능력이 뛰어나도 좋은 선생님이 되는 건 또 다른 영역이라는 걸 다시 한번 깨달았다.

나는 평소에 눈치가 빠르고 일머리가 있다는 이야기를 종종 듣는 편이다. 그래서 전 주인이 가르쳐주지 않은 부분도 어느 정도는 스스로 터득할 수 있었다. 하지만 리처드는 기존에 자신이 익숙했던 피자 가게 업무 방식에서 벗어나 새로운 방식으로 일해야 하니 더 힘들어했던 것 같다. 피자 메뉴뿐만 아니라 샌드위치나 샐러드 같은 새로운 메뉴도 익혀야 했고, 동시에 경영까지 책임져야 했으니, 그의 부담은 이만저만이 아니었다. 나중에 리처드는 내가 샌드위치와 샐러드 만드는 법을 빠르게 익힌 덕분에 회사 점심 장사를 무사히 해낼 수 있었다고 말했다. 리처드는 그 시기의 기억이 거의 없다고 했다. 아마도 너무 큰 부담을 짊어져야 했던 그 순간을 되돌아보는 게 힘들어서이지 않을까 싶다.

전 주인은 리처드를 깎아내리기 일쑤였다. "그렇게 하면 장사를 일 년도 못 버티고 망할 거야"라는 악담을 서슴없이 내뱉었다. 마치 우리도 자신처럼 실패하길 바라는 사람처럼 느껴졌다. 본인이 성공하지 못한 가게에서 다른 사람이 성공하는 것을 차마 받아들이지 못하는 것 같았다.

　초기에는 한 달에 한두 번씩 가게에 들러 주문은 하지 않고 우리의 근황만 물어보는 손님들이 있었다. 우리는 그들이 전 주인의 측근이 아닐까 하는 의심을 하곤 했다. 그 의심은 단순한 추측은 아니었다. 전 주인은 우리 가게 옆에 있는 은행을 자주 애용하곤 했는데, 그곳에서 일하던 직원과도 친했던 것 같다. 어느 날 그 직원이 인터넷에 전 주인에 대한 칭찬을 길게 늘어놓은 뒤, 우리가 메뉴 종류를 줄인 것이 아쉽다는 내용과 함께 전 주인이 그립다는 리뷰를 남겼다. 그리고 2개의 별점을 떡하고 올렸다. 그 직원의 행동은 우리의 무거웠던 짐수레에 또 다른 짐을 더한 것과 같았다. 이 사건은 우리가 가게를 운영하면서 맞닥뜨려야 했던 수많은 어려움 중 하나일 뿐이었다.

　전 주인은 2주간의 트레이닝을 약속했지만, 그는 하루 종일 전화기만 붙잡고 제대로 가르쳐주지도 않았다. 그의 행동과 달리 피자 반죽과 피자 소스 레시피는 순순히 적어 주었다. 그런데 실제로 만들어야 할 때는 혼자서 몰래 만들거나, 우리가 해야 할 일을 자기가 도와 미리 해 놨다고, 큰 자비를 베풀듯이 얘기했다. 한 번은 피자 반죽을 만들 때였다. 그는 혼자서 이미 다 섞어놓은 반죽을 향해 "내가 한 거 잘 봤지?"라고 말했다. 그러한 전 주인의 배려 없고 말도 안 되는 행동은 우리를 불편하게 했다. 결국 일주일이 지난 후, 우리는 전 주인을 그만 보기로 결정했다. 더 이상 그의 나쁜 기운에 휘둘리고 싶지 않았다.

전 주인이 가고, 드디어 리처드는 혼자서 생애 첫 피자 반죽을 만들었다. 그런데 피자가 구워져 나온 후 5분, 10분이 지나니 피자의 크러스트가 딱딱해지는 문제에 직면했다. 큰 벽에 부딪힌 기분이었다. 며칠 동안의 고민과 시도에도 무엇이 잘못됐는지 알 수 없었다. 우리는 분명히 전 주인의 레시피대로 했는데, 뭐가 잘못된 것일까? 전 주인을 믿었던 우리가 바보였던 것일까? 낙담만 하고 있을 수는 없었다. 해결책을 찾아야 했다. 라몬에게 도움을 청하면 충분히 들어주겠지만, 아쉽게도 그의 가게는 가맹점이라 본사에서 피자 도우와 소스를 제공받았다. 라몬에게는 우리에게 필요한 피자 레시피가 없었다. 그래서 우리는 염치없지만, 콘스탄틴에게 도움을 요청해 보기로 했다.

✳

　콘스탄틴은 그리스계 미국인이다. 오늘도 어김없이 하얀색이라고 부르기엔 이미 하루의 수고가 잔뜩 묻어있는 앞치마를 두르고 있었다. 앞치마 아래로는 낡고 헐렁한 러닝셔츠를 입고 있었고, 러닝셔츠는 불룩하게 나온 그의 배로 인해 주머니 없는 카키색 반바지 안의 허리춤을 찾지 못한 채 펄럭이고 있었다. 그는 여전히 옷차림에 크게 신경 쓰지 않는 모습이었다. 뾰루퉁한 표정과 무심한 듯 말하는 그의 모습은 언뜻 화가 난 사람처럼 보이기도 했지만, 츤데레 사장님처럼 어쩐지 정겹고 인간적인 매력을 풍겼다.

　콘스탄틴은 우리가 처음으로 매물을 보러 방문했던 피자 가게의 사장님이다. 그 후로 4년이 지났지만, 콘스탄틴은 여전히 자신의 가게를 운영하고 있었다. 우리 가게는 그의 가게에서 북동쪽으로 조금 떨어진 곳에 있다. 우리 집으로 가는 길목에 그의 가게가 있어 가끔 지나치곤 했는데, 그와의 협상이 잘 이뤄지지 않은 후론 아주 오랜만에 찾아간 것이었다. 처음 만났을 때의 좋지 않은 관계로 우리의 방문을 달가워하지 않을 거로 생각했으나, 그것은 나의 쓸데없는 걱정이었다. 콘스탄틴은 전혀 신경 쓰지 않는 모습이었다.

세상을 더 오래 살아온 그의 연륜 때문이었을까, 아니면 그저 너그러운 마음으로 우리를 대했던 걸까? 우리가 옆 동네 피자 가게를 인수했다고 이야기했더니, 그는 이미 알고 있다는 듯한 표정을 지었다. 그는 누가 우리 가게의 식품 위생 검열관인지도 알고 있을 만큼 모든 것을 속속들이 꿰뚫고 있었다.

이런저런 이야기를 나누다가 자연스럽게 우리의 피자 반죽 문제와 소스에 관한 여러 사정을 이야기했다. 우리의 어려움을 안타깝게 여겼는지, 콘스탄틴은 망설임 없이 자신의 그릭 스타일 피자 반죽과 소스 레시피를 알려 주었고, 어떤 토핑을 써야 하는지, 무엇이 더 좋은지 등 우리가 묻지 않은 것까지도 알려 주었다. 마치 전 주인이 하지 않았던 일들을 대신해 주는 듯했다.

그는 우리의 생각과 달리 든든한 지원군이 되어주었다. 자신이 이용하고 있는 배달업체에서 주문이 많이 들어오니 우리에게도 그 온라인 배달업체를 이용하라고 조언했다. 사실 우리는 가게를 오픈하면서 웹사이트를 통해 온라인 주문을 받으려고 했었다. 하지만, 당시 웹사이트 유지비는, 작은 가게에서 감당하기에는 부담되는 가격이었다. 그래서 서비스 세팅도 마쳤지만, 끝내 하지 못했다. 그런데 콘스탄틴이 알려준 온라인 배달업체는 시작 단계여서 프로모션도 많이 하고, 경쟁 업체가 많지 않아 계약한 첫 달에 주문이 30개가 들어왔다. 우리는 한 달에 주문이 100개가 들어오면 너무 좋겠다고 들떠 있었는데, 우리의 희망 사항은 몇 달 후 100개를 거뜬히 넘기고, 시간이 조금 더 지나자 120개를 넘기며 마침내 현실이 되었다. 비록 지금은 가맹점 식당들도 배달업체와 협력할 정도로 포화상태라 한 달에 겨우 60~70개가 맥시멈이다. 이마저도 온라인 배달업체 두 군데에서 들어오는 주문 숫자이다. 워낙에 유동 인구가 없는 탓이기도 하지만, 온라인 배달 업체끼리도 경쟁이 심해서 나눠 먹기식이라 더 그렇다.

그날 이후로 우리는 콘스탄틴과 좋은 인연을 이어갔고, 그를 만나러 가는 길은 언제나 즐거움으로 가득했다. 콘스탄틴은 우리의 방문을 무심한 척 반가운 마음으로 맞아주었다. 그는 오랜 수고에 지친 듯 "이제 그만두고 싶다"라는 말을 입버릇처럼 했었다. 그러고는 몇 년이 지나고 나서야 마침내 가게를 팔고 은퇴의 삶을 살고 있다. 가끔 친구 차를 얻어 타고 가게에 놀러 오곤 하는데, 피자 가게를 운영할 때와는 달리 이제 조금은 편안한 얼굴을 하고 있다.

그가 우리에게 무심하게 베푼 도움과 배려는 지금 우리

를 이 자리에 있게 했다. 피자하면 이탈리안 피자가 최고라고 생각하는 사람들이 우리가 만든 피자가 이탈리안 피자인지 물어볼 때가 있다. 그럴 때면 리처드는 주저하지 않고 당당하게 "이 피자는 그릭 스타일 피자입니다"라고 대답한다. 그리고 "이 피자는 나의 선생님, 콘스탄틴에게 배운 것입니다"라고 자랑스럽게 덧붙인다. 리처드는 언제나 콘스탄틴에게 배운 것을 자랑스러워하며, 그의 가르침 덕분에 오늘날 우리가 있다고 말한다. 만약 콘스탄틴이 없었다면, 어쩌면 우리는 전 주인의 바람대로 가게를 닫아야 했을지도 모른다.

어떤 이유로 콘스탄틴이 우리에게 마음을 열었는지 모르지만, 분명한 것은 그가 우리에게 손을 내밀어 주었다는 사실이다. 인생을 살아가다 보면, 누군가는 우리를 물속으로 밀어 넣기도 하고, 때로는 누군가가 우리를 물속에서 건져내 주기도 한다. 콘스탄틴은 우리에게 손을 내밀어 건져준 생명의 은인이다. 그는 구름 사이로 비치는 한 줄기 빛처럼 우리에게 새로운 희망을 안겨주었다. 콘스탄틴의 이타적인 마음은 우리에게 진정한 인간관계가 무엇인지 알려 주었고, 때로는 나쁜 관계라 생각했던 것도 절대적인 것이 아니라는 사실을 깨닫게 해주었다. 어쩌면 나쁜 관계라는 틀 안에 우리 자신을 가둔 채 외면하고 사는 건지도 모른다. 그 틀을 버리면 비로소 새로운 가능성과 선의를 발견할 수 있는데도 말이다. 우리는 막다른 골목에서 콘스탄틴을 찾았다. 도움을 청하는 것 또한 용기가 필요했다. 내가 먼저 용기 내어 손을 내민다면, 누군가가 그 손을 잡아 줄 것이라는 걸 배웠다.

둘.

절벽 끝에서

목요일 준비!

월요일과 목요일 점심시간에 주변 회사로 피자와 샌드위치를 팔러 다녔던 적이 있다. 목요일에 가는 회사는 꽤 규모가 크고 역사가 있는 가정용 전기 제품 판매 회사였다. 그곳은 큰 규모만큼 일하는 직원도 많았고, 우리가 원하는 피자보다는 칼조네이탈리아 만두 모양의 피자, 각종 샌드위치, 그리고 샐러드 위주의 다양한 음식을 준비해야 했다. 종류가 많아 준비할 것도 많았고, 신경 쓸 것도 한둘이 아니었지만, 당시 우리는 찬밥 더운밥 가릴 때가 아니었다. 그래서 목요일의 점심 장사를 준비하는 일은, 월요일 점심 장사가 끝나자마자 걱정과 함께 시작되었다.

일단 목요일 점심 장사에 곁들여 나가는 음식들을 준비한다. 할라피뇨멕시코 고추절임 한 통, 코셔kosher 피클을 네 등분

해서 두 통, 핫 자디네라hot giardiniera 한 통을 준비한다. 코셔 피클은 유대인의 식단법인 카슈르트kashrut 율법에 따라 만들어진 피클로, 코셔 소금물과 마늘, 딜dill을 넣고 절인 것이다. 일반 피클과 달리 설탕이 들어가지 않아 매우 짜다. 우리 음식에도 소금에 절여 만든 오이짠지가 있듯이 코셔 피클은 유대인들의 짠지라고 생각하면 된다. 우리는 짠지를 물에 희석해서 오이지무침이나 오이냉국을 만들어 먹는데, 여기 사람들은 짜디짠 피클을 그대로 먹는다. 짧고 뭉툭한 커비kirby종 오이를 사용해서 만드는데, 한국의 오이 같지 않게 소금에 절여도 쪼그라들지 않는다.

매운맛을 내는 핫 자디네라는 핫 페퍼라고도 부른다. 이 음식은 시카고로 이주한 이탈리아 이민자들의 영향을 받아 만들어진 것이다. 이탈리안 로스트 비프 샌드위치나 필리 치즈 스테이크 샌드위치에 곁들여 먹으면 느끼함도 잡아 주고, 피자에 토핑으로 올리거나 사이드로 함께 먹으면 아삭아삭 씹히는 식감이 좋다. 입술이 얼얼해질 정도로 매콤하고 신맛과 짠맛이 강한 데도 중독성이 있어 계속 찾게 된다. 하지만 매운 것을 즐겨하지 않는 사람은 피하는 게 좋다. 주재료는 매운 고추, 샐러리, 당근, 콜리플라워 등의 채소를 잘게 썰어 식초와 식물성 기름을 사용해 절여 만든 것이다.

그다음으로는 일회용 플라스틱 실버웨어포크, 나이프, 냅킨, 스푼, 접시, 입맛에 맞게 조절할 수 있는 크러쉬드 레드페퍼, 파마산 치즈 파우더, 소금, 후추, 샐러드에 필요한 각종 드레싱, 피자 워머warmer, 핫 샌드위치에 함께 나가는 Au-jus소고기 국물와 미트볼을 넣어둘 워머, 미니 오븐 2개를 준비한다. 그리고 가장 중요한 돈통과 잔돈들을 준비해 놓으면 1차 준비는 완성된다.

하루 전날에는 본격적인 준비를 해야 한다. 샐러드를 만들 로메인을 찹! 찹! 로메인은 지중해식 샐러드에 쓰인다. 우리의 상추와 비슷한데, 상추처럼 보드랍지 않고, 심지가 곧은 뚝심 있는 친구이다. 손가락 한 마디 크기로 썰어서 찬물에 잠깐 담가 두면 신선도가 올라가고, 단맛도 돌고, 아삭한 맛이 매력적이다. 깨끗하게 여러 번 씻어 물기를 제거해 주고, 토마토와 오이도 똑같이 씻어서 준비한다. 치킨 샐러드에 들어갈 달걀은 삶아서 껍질 벗겨 준비해 둔다. 치킨 텐더로인은 숯불에 구운 후, 두 가지 타입으로 썰어준다. 얇게 썬 것은 샐러드로, 새끼손가락 크기로 썰어서 준비한 것은 치킨 샌드위치를 만든다.

마음이 바쁘다. 할 일이 태산 같으면 저 산을 빨리 넘고 싶어서 폴짝폴짝 뛰면서 왔다 갔다 하지만, 길 잃은 토끼처럼 의미 없는 발걸음만을 하기도 한다. 다음은 델리 미트 햄, 터키햄, 콘드비프를 얇게 슬라이스 해야 하는데, 그 전에 콜드 샌드위치에 들어갈 프로볼로네 치즈와 옐로우 체더 치즈를 얇게 슬라이스 해서 준비하면, 슬라이스 기계를 효율적으로 사용할 수 있다. 델리 미트를 먼저 썰게 되면 햄이 품어내는 특유의 고기 냄새가 치즈에 베일 수 있으니, 치즈부터 얇게 썬다. 다음에는 콜드 샌드위치에 들어갈 토마토, 적양파를 슬라이스하고, 로메인을 잘게 채 썰어놓는다. 이러면 콜드 샌드위치 만들 준비는 끝난다.

하지만 이것이 끝은 아니다. 이제는 핫 샌드위치 만들 준비를 해야 한다. 이탈리안 로스트 비프와 필리 치즈 스테이크 샌드위치 고기를 팔 만큼의 양대로 준비해 두고, 필리 치즈 스테이크 샌드위치에 들어갈 양파, 피망, 버섯을 채 썰어서 준비한다. 치킨 샌드위치도 두 종류로 팬에 각각 고기와 소스를 준비해서 목요일 아침, 불 위에서 빠르게 조리할 수 있게 준비하면 된다. 샌드위치 박스에 박스별로 들어갈 샌드위치 네임텍 스티커를 부착해 주고, 샐러드를 담아갈 투명한 컨테이너도 숫자별로 준비해 둔다. 이렇게 해놓으면 빠트리지 않고 개수에 맞춰서 나갈 수 있다.

샌드위치 빵은 두 종류로, 바게트와 피자 도우로 만든

빵을 이용해 샌드위치를 만든다. 피자 도우를 5온스$_{oz}$로 나누어 공굴리기한 후 따뜻한 곳에 두어 부풀어 오르면 화씨 450도에서 약 12분 구워준다. 칼조네를 만들 도우볼dough ball도 10온스로 공굴리기해서 준비해 둔다. 그러다 보면 피자 가게가 아니라 샌드위치 가게 같다고 생각하게 되는데, 리처드는 이점을 시작할 때부터 불편해했다. 명색이 피자 가게인데, 메인이 아닌 엑스트라들이 주가 되고, 노동 대비 이윤이 적은 장사였기 때문이다. 그래서 그의 목표는 단일 메뉴로 피자만 파는 가게를 만드는 것이었고, 결국 그렇게 만들었다.

피자는 들러리

목요일 아침이 되면 이젠 진짜 전쟁하러 가야 한다. 전날 준비해 놓은 각종 샌드위치 재료를 센 불에 빠르게 볶아 빵 위에 올리고, 치즈로 마무리해 오븐에 구우면 핫 샌드위치가 완성된다. 치킨 샌드위치도 두 종류! 하나는 토마토 베이스이고 다른 하나는 시저 소스로 만든다. 기름칠한 팬에 썰어 놓은 치킨을 볶다가 소스를 뿌려 센 불에 빠르게 볶아서 바게트 위에 올리고, 치즈로 마무리해서 오븐에 구워내면 완성된다. 다음은 콜드 샌드위치, 특별한 것 없이 전날 준비해 놓은 재료들을 차곡차곡 잘 쌓기만 하면 된다. 빵에 치즈 올리고 얇게 슬라이스 해놓은 햄, 터키햄을 각각 넣는다. 그 위에 슬라이스한 토마토, 잘게 썬 로메인, 동그랗게 썰어놓은 적양파를 올리고, 채소에 상큼함을 더할 이탈리안 드레싱을 뿌린다. 마지막으로 프로볼로네 치즈나 체더 치즈를 올리면 완성된다. 콘드비프는 오븐에 구운 피자 도우볼의 반을 잘라서, 콘드비프를 올리고 사우전드 아일랜드 드레싱, 사워크라우트_{독일식 양배추절임}, 치즈를 올린 후 오븐에서 마무리한다.

✴

콘드비프 샌드위치에 들어가는 콘드비프를 처음 접했을 때, 나는 이름에 콘드_{corned}가 들어가서 '옥수수가 들어간 소고기인가?'라고 생각했다. 하지만 내 상상은 보기 좋게 빗나갔다. 이는 소금에 절인 비프였다. 콘드비프는 그냥 스팸처럼 캔에 들어 있었다. 그런데 왜 콘드비프라고 했을까? 찾아보니 corn은 고대 영어에서 작은 알갱이를 의미하고, 콘드비프라는 용어는 17세기 영국에서 암염_{크고 굵은소금 알갱이}을 사용하여 소고기를 보존했던 방식에서 생겨났다고 한다. 하지만 아일랜드가 콘드비프 생산의 중심지가 된 건 고품질의 소금과 낮은 소금세 덕분이었다. 이후, 많은 아일랜드 이민자가 미국으로 건너오면서 콘드비프는 미국에서도 인기를 끌게 되었고, 지금도 미국에서는 '성 패트릭의 날'에 먹는 중요한 음식으로 자리 잡았다. 그러나 아이러니하게도 아일랜드에서는 더 이상 전통적인 음식이 아니라고 한다. 비슷한 예로, 미국에 방문한 한국인은 현지 한국 식당에서 먹는 음식이 오히려 더 한국스럽다고 느끼는 경우가 많다고 한다. 이는 미국에선 한국의 음식이 그리운 사람들을 위해 만들다 보니 한국의 전통적인 맛을 유지하려고 노력하는 반면, 한국에서는 오히려 사람들의 관심을 끌기 위해 끊임없이 변화하고 혁신하기 때문이 아닐지 생각해 본다.

핫 샌드위치와 콜드 샌드위치 준비가 마무리되면 피자와 칼조네를 만든다. 목요일 점심 장사에 피자는 들러리이다. 씬 크러스트 피자 다섯 판을 6조각으로 잘라서 만들어 간다. 치즈 두 판, 페퍼로니 두 판, 소시지 한 판이 전부다. 칼조네는 전날 준비해 둔 도우를 얇게 펴서 중간에 피자 소스와 토핑을 쌓아준 후 치즈를 넣어 만두처럼 반으로 접어 끝을 잘 꼬집어 준다. 잘 봉합하지 않으면 터져서 치즈가 마그마처럼 흘러내리는 참사가 일어나고, 정작 칼조네 안은 단팥 없는 찐빵처럼 치즈 없는 칼조네가 되고 만다. 화씨 450도 오븐에서 약 15분 구워지는 동안 샐러드를 준비한다. 샐러드는 신선함이 생명이기 때문에 맨 마지막에 준비해서 가져간다.

샐러드도 두 종류! 가든 샐러드와 시저 샐러드, 가든 샐러드에는 투명 사각 샐러드 박스에 로메인을 듬뿍 담아주고,

로메인 위로 웨지wedge로 썰어놓은 토마토를 각 네 귀퉁이에 올리고 슬라이스한 오이를 각 네 면에 올려준다. 그리고 한가운데에는 블랙 올리브를 한 줌 올리면 색감 있고 먹음직스러운 가든 샐러드가 완성된다. 시저 샐러드는 로메인 위로 각 네 모퉁이에 네 등분한 삶은 달걀을 올리고, 가운데에는 크루통crouton을 올린 다음 파마산 치즈 가루를 사정없이 뿌려주면 끝난다.

어떤 손님은 가게에 전화해서 본인이 원하는 음식을 스페셜하게 주문하는 사람도 있다. 우리 입장에선 준비해 간 음식 중에서 사드시면 좋겠지만, 또 손님의 기호는 다 다르니 들어온 주문은 항상 정성으로 맛있게 만들어 갔다. 이렇게 하면 2차 전쟁이 끝난다. 3차 전쟁은 현장에서 이뤄진다.

가전제품 스토어

가전제품 스토어에 도착하면 SUV에 한가득 준비한 모든 것을 이층으로 된 푸드 카트에 차곡차곡 쌓아 엘리베이터를 타고 이층 구내식당으로 향한다. 구내식당은 전자 가전제품을 파는 곳이라 그런지, 냉장고며, 전자레인지며 모두 신제품에 메탈릭한 디자인으로 잘 정리 정돈되어 있었다. 나를 반기는 직원도 있고, 그저 점심 도시락을 팔러 왔나보다 시큰둥하게 쳐다보는 직원도 있었다. 도착과 동시에 음식을 세팅할 테이블을 네모 모양으로 놓고 내가 서 있을 뒤쪽 벽에는 브로일broil할 수 있는 휴대용 오븐 두 대를 놓는다. 보통 오븐은 열선이 바닥에 있는데, 브로일 오븐은 열선이 위에 있어 샌드위치에 올린 치즈를 녹이거나, 피자를 데우는 데 적합하다. 치즈의 특성상 시간이 지나면 굳어서 맛도 비

주얼도 살지 않는데, 브로일러에 살짝 돌리면 쭈~욱 늘어나는 치즈와 바삭하게 구워진 빵이 샌드위치에 생기를 불어넣는다. 그 옆으로 피자 네 판이 들어가는 4층짜리 피자 워머를 놓고, Au-Jus와 미트볼을 넣어놓을 워머를 세팅한다. Au-Jus는 취향껏 샌드위치 바게트에 적셔서 촉촉한 빵으로 드시는 분도 있고, 국물에 찍어 드시는 분도 있고, 어떤 분은 국물 없이 완전히 드라이하게 바삭한 빵으로 드시는 분들도 있다. 그리고 준비해 온 샌드위치들을 줄 세워서 테이블 위에 진열하고, 샐러드와 곁들여 나가는 음식들과 나머지를 놓아주면 3차 전쟁 준비 시작! 준비가 다 되기도 전에 카트에서 샌드위치 박스를 꺼내 들고 계산해 달라고 하는 손님들도 있었다. 점심시간이 되면 유니폼 밑에 겹쳐 입은 하얀 티가 이미 땀으로 젖어있다. 혼자서 계산하고, 피자와 샌드위치도 데워줘야 하니 손이 열 개라도 모자랐다.

초기에는 가게 매출이 적어 일주일에 천삼백 불 정도였는데, 준비한 음식이 모두 팔리면 약 칠백 불의 현금을 손에 쥘 수 있었다. 그래서 고되지만, 이 작업을 계속할 수밖에 없었다. 그렇다고 매번 좋은 날만 있는 건 아니었다. 대개는 5개 정도가 남아서 배달원에게 주거나 옆 가게 직원들에게 나누어주기도 했다. 어떤 날은 준비한 음식의 반도 팔리지 않는 날도 있었다. 그러던 중, 예상치 못한 금요일 점심 준비 요청이 들어왔다. 많은 식당이 그렇듯 피자 가게는 금, 토, 일요일이 가장 바쁜 황금 요일이라 우리는 거절해야 했다. 그래서였는지 그 후로부터 우리의 스케줄은 한 달에 한 번밖에 주어지지 않았다.

리처드는 이전부터 몸만 고되고 남는 장사도 아니니 그만두자고 했다. 나는 가게가 이제 막 시작되어 자리도 잡히지 않았을 때라 쉽게 찬성하지 못했다. 나는 주저앉고 싶지 않았고, 가게를 꼭 성공시키고 싶은 마음이 더 컸다. 리처드는 자신이 전단지를 더 많이 돌려서 회사 점심 장사 수익을 메꾸겠다고 설득했다. 가게에 단골도 조금씩 생겨나서, 우리는 가게 일에 더 집중하기로 했다.

이후, 회사가 스페셜 보너스로 직원들 점심을 피자로 주문하는 것 외에는 회사 점심 장사를 하지 않는다. 전에는 종종 직원들이 돈을 모아 피자를 사 먹기도 했지만, 요즘은 이도 예전 같지 않다. 최근에는 많은 직장인이 점심 도시락을 싸가는 경우가 늘었다는 뉴스도 자주 들린다. 코로나 이후로 경기가 안 좋아지고, 사회 전반적으로 비용 절감에 민감해진 게 느껴진다.

월요일

사무실 한쪽 벽에는 하얀 보드가 붙어있었고, 그 위에는 세일즈 순위와 각자의 판매 금액이 적혀 있었다. "일등만 기억하는 더러운 세상!" 이 말이 진짠가 보다. 세일즈 왕의 얼굴이 명확히 생각 나는 건 왜인지 모르겠다.

내가 기억하는 세 명 중 한 명은 세일즈 왕, 그는 검은색 뿔테 안경을 쓰고 꽉 낀 양복바지에 광나는 갈색 구두를 신고, 어깨엔 뽕이 잔뜩 들어간 채, 동료들에게 내가 얼마나 팔았는지 보라고 으스대던 일등 맨이었다.

그리고 또 한 명은 통통한 체격에 팬 크러스트 피자를 자주 사 먹던 친구, 그는 어느 날 점심시간이 끝나고 테이블을 정리해서 주차장으로 가는데 날 따라와 주말에 뭐 하냐고, 점심 식사를 같이 먹자고 했던 친구다. 손가락에 결혼반지라도 끼고 있을 걸… 고맙지만, 난 임자가 있다고 말했다. 그 친구는 이후에 아무 일도 없던 것처럼 팬 피자를 사 먹었다.

마지막으로 사무실의 대장, 수퍼바이저이다. 그는 바싹 말랐고 바늘로 찌르면 피 한 방울도 안 나올 것 같은 냉정함이 묻어나는 인상이었다. 세일즈를 잘 못하는 직원들이 피자 사줄 거냐고 장난삼아 건넨 말에도 시원 떨떠름하게 같이 계산하라고 나에게 눈짓하곤 했다. 하지만, 대장은 점심시간이 끝나갈 무렵에는 남은 피자를 전부 사 가기도 했고, 조각 피자를 사 먹고 팁을 주기도 했다. 나에게는 관대했던 그 얼굴이 지금도 선명하게 기억난다.

월요일에 갔던 회사는 전화로 마케팅하는 회사였다. 월요일은 목요일에 비하면 새 발의 피였다. 팬 피자와 씬 피자 총 열 판을 만들어서 점심시간에 조각 피자로 팔았다. 이른 아침, 점심 장사에 팔 피자를 만들어 전화 마케팅 회사에 갔다. 사무실 입구에 테이블이 있는데, 그곳에 4층짜리 피자 워머를 놓고 조각 피자를 팔았다. 피자 워머는 16인치 피자 네 판을 각층에 진열할 수 있는데, 전기를 사용해 따뜻한 피자를 제공할 수 있도록 만든 것이라 크고 무겁다. 내가 여자치고는 작은 키가 아님에도, 세워두면 내 허리를 조금 넘어간다. 크기도 크지만, 무게도 만만치 않고 네모난 투명 박스 같은 모양에 손잡이도 없어서 들고 옮기는 게 보통 까탈스러운 게 아니다. 처음엔 '나 혼자서 잘할 수 있을까?'라는 의문이 들기도 했지만, 막상 닥치면 또 다 해내는 게 사람이다.

건물 내에는 모두가 사용하는 카트가 2개가 있었다. 운이 좋은 날은 메인 빌딩 로비에 카트가 떡 하니, 나를 반기고 있었다. 또 어떤 날에는 카트 2개가 모두 사용 중이어서 여기저기 물어물어 카트의 행방을 찾아야 했다. 카트만 기다리고 있으면 점심시간에 늦어지게 되니 그런 날엔 어쩔 도리 없이 피자랑 피자 워머를 하나하나 발품으로 옮겨야 했다. 그럴 때는 '내가 지금 여기, 먼 타국 땅에서 뭐 하는 거지?'라는 자괴감이 들기도 했다.

주차장에서 사무실까지 낑낑대며 4층짜리 피자 워머를 옮기는 건 나름 힘이 세다고 자부하는 나에게도 쉽지 않았다. 뭔지 모를 서러움이 복받쳐 오를 땐, 어린아이처럼 모든 걸 집어 던지고 길바닥에 주저앉아 목 놓아 소리 내 울고 싶었다. 누군가 내 손을 잡고 저 높은 산을 함께 넘어주길 바라지만, 저 산은 오롯이 제힘으로 넘어야 할 산이었다. 눈물이

앞을 가렸으나, 난 티 나지 않게 가게 로고가 박힌 모자를 평소보다 더 깊게 눌러썼다.

내 앞에 놓인 미션, 점심 장사! 점심시간이 칼 같아서, 점심시간 전에 세팅해 놔야 하나라도 더 팔 수 있었다. 주차장에서부터 사무실까지 30미터 정도 될 거리를 왕복 3~4번 하다 보면, 피자를 팔기도 전에 온몸은 땀으로 범벅이 되고 진이 다 빠졌다.

한번은 그 회사의 기념일이라 쉬는 날이었는데, 미처 연락받지 못했다. 평소처럼 아침부터 바쁘게 피자를 만들어서 갔더니 주차장은 휑했고, 건물은 문이 잠겨 있었다. 할 수 없이 우리는 그날 판매하지 못한 피자를 근처에 있는 소방서와 경찰서에 나눠 드렸다. 계획한 나눔은 아니었으나 그들이 맛있게 먹었을 걸 상상하니 즐겁고, 나눔을 통해 느끼는 뿌듯함에 더욱 보람찼다.

월요일의 전화 마케팅 회사 점심 장사를 그만하자고 결정한 이유는 쉼이 필요했기 때문이다. 365일 내내, 아침 11시부터 밤 11시까지 일을 했다. 지쳐가던 우리에게는 휴식이 절실했다. 월요일 점심 장사를 그만둔 이후론, 오전에 자전거를 타러 다니기 시작했다.

돈나무

가게를 오픈하고 크리스탈 언니가 돈나무를 선물해 줬다. 돈나무 세 뿌리가 꼬불꼬불 몸을 꼬아서 건강한 모습으로 왔는데, 가게에 와서는 몇 달 있다가 한뿌리가 시름시름 앓기 시작해 결국 죽고 말았다. 그러더니 장사가 좀 나아질 때쯤 돈나무 두 뿌리는 씩씩하게 자라서 초록색 이파리를 자랑하고, 지금은 가게에 오는 손님들을 제일 먼저 반기는 존재가 됐다.

어느 날 문득, 나는 이 돈나무가 우리의 세일즈 같다고 생각했다. 그랜드 오프닝에 현정 언니가 선물한 꽃 화분도 얼마 가지 않아 말라 버리고, 친구 숙희가 선물한 난초도 그해 봄에 꽃을 피우긴 했으나 시름시름 앓다가 운명을 다했는데, 이 두 뿌리의 돈나무는 지금까지 건재하다. 아찔한 순간이 몇 번 있었지만, 좋은 흙으로 갈아 주니 다시 살아나, 이제는 가게에서 키우는 식물 중 대장 노릇을 하고 있다.

그 뒤로 잘 자랄 만한 식물을 하나둘씩 샀다. 리처드도 그런 식물의 기운을 느낀 건지, 우리 가게의 번영을 위해 식물들에 남다른 신경을 쓰고 있다. 초록이들이 잘 자랄 때는 장사도 잘되는 느낌이 들고, 시들해지면 장사가 약간 주춤하는 느낌도 든다. 장사가 안되던 시기엔 폭포가 있는 그림을 집안 쪽으로 향하게 해서 들어오는 문에 붙여 놓으면 복이 집으로 들어온다는 말에, 전에 나이아가라 폭포에서 산 마그넷을 문 옆에 붙여 놓았다. 그때는 장사가 잘되길 바라는 마음에 지푸라기라도 잡고 싶었던 모양이다. 지금도 식물은 잘 자라고 폭포 사진도 걸려 있는데, 작년에 장사가 주춤했던 이유는 어떻게 설명해야 할까?

무반응

가게를 시작했던 시기만 해도 책자 광고회사가 호황을 누리던 때였다. 당시 우리가 가게를 인수했다는 소문이 순식간에 퍼진 걸 알 수 있었던 건, 광고회사 직원들이 하루가 멀다고 찾아왔기 때문이다. 그랜드 오프닝 쿠폰을 동네에 돌려야 손님들의 반응이 올 거라고 하면서 오늘은 이 회사, 내일은 저 회사가 찾아와서 그중 한 회사와 계약을 맺고 광고를 시작했다. 한 달에 한 번 가게 주변에 나가는 광고 책자였다. 엄청나게 많은 전화와 반응이 올 거란 기대는 애초에 안 해도 되었다. 전단지가 나가고 그 주에 5개 정도, 다음 달도, 그다음 달도 반응은 석연치 않았다. 광고회사를 잘못 선택했나 하는 생각도 들었다. 그래서 다시 다른 회사의 광고 책자 첫 페이지에 나가는 계약을 맺고 광고를 내보냈지만, 광고가 나간 주말에 0개 주문, 다음 달도 0개, 3개월 계약이었는데 무반응이었다. 우리는 광고회사 사장님에게 어떻게 주문이 하나도 안 올 수가 있는 거냐고 물었고, 사장님은 공짜로 2달 더 연장해 줬지만, 광고 효과는 없었다. 오히려 우리가 직접 전단지를 돌리는 게 반응이 더 나았다. 이유를 알 수가 없었다. 그때는 뭘 해도 안 되는 때였나? 온 우주의 기운이 모이기 전? 이도 저도 안 되니 괜한 식물 탓을 했던 것일지도….

전단지

지금은 단골이 꽤 있기도 하고, 인터넷 주문도 많아서 일부러 전단지를 돌리지 않지만, 초기엔 3개월이 지나고, 6개월의 시간이 흘러도 상황이 썩 나아지지 않았다. 우리는 근처 아파트 단지와 타운하우스에 전단지를 돌리기 시작했다. 경비가 심한 곳, 특히 고급 아파트는 아예 아파트 안으로 들어갈 수조차 없다. 그럴 땐 아파트 단지 내에서 누군가 주문을 하면 배달 간 김에 그 아파트 단지를 모두 커버하고 오는 전략을 썼다. 아파트 경비가 없는 곳은 아파트 주민이 나올 때 들어가기도 했다. 아파트 단지 하나를 커버하면 한두 명은 전화를 주었다. 어떻게든 손님들이 우리의 피자를 한 번 맛볼 수 있게 얼굴을 자주 비치는 수밖에는 도리가 없었다.

아파트 단지 안으로 들어가지 못할 땐 주차장에 있는 차

문 손잡이나 앞 유리 와이퍼 사이에 전단지를 놓고 오기도 하는데, 한번은 화가 잔뜩 나신 오십 대 남성분이 가게로 찾아왔다. 우리가 돌린 전단지가 그분의 자동차 앞 유리에 붙어서, 차를 다 망쳐놨다고 화를 내며 소리를 질렀다. 빗물이었는지, 아침이슬 때문이었는지 우리 전단지가 자동차 앞 유리창에 찰싹 붙어있었다. 리처드는 물을 뿌리고 불려서 남성분의 차를 깨끗이 닦아드리고 몇 번이나 사과했지만, 손님은 화가 많이 난 상태로 되돌아갔다. 의도적으로 한 건 아니었으나, 그분께 죄송했다.

또 한번은 전단지를 돌리는 리처드를 보고 수상하게 여긴 동네 주민이 경찰에 신고해, 리처드는 출동한 경찰에게 신분을 증명해야 했다. 전단지를 돌리면서 많은 일을 겪었다. 전과 비교할 순 없지만, 지금도 가게 장사가 조용하다 싶으면 근처에 자동차 딜러나 자동차 정비소 등에 가서 우리가 아직도 여기에서 장사하고 있다고 상기시켜 준다.

숙희

아빠는 내 키가 커서 학교에 일찍 보냈다고 자주 말씀하셨고, 나는 평생을 곧이곧대로 믿어왔다. 하지만 최근 들어 그 말이 사실이 아닐 수도 있다는 생각이 들었다. 부모님은 내가 어릴 적 오빠가 다니던 유치원에 나도 함께 다니게 했다. 그때 내 나이가 5살이니 당시로선 빠른 편이었다. 돈을 따로 내고 다닌 건 아니었고, 오빠에게 딸려 보냈다는 표현이 더 정확하다. 네 살 차이 나는 동생, 그리고 그 밑에 동생은 엄마 뱃속에 있었을 때니, 부모님이 나까지 데리고 농사일하는 게 꽤 힘들었을 것이다. 나는 그런 상황을 전혀 모른 채 신나게 유치원에 다녔다. 아니, 따라다녔다. 언니, 오빠들이 수업하고 있을 때 난 유치원 놀이터에서 놀이기구들과 함께 놀았다. 그중에서 나의 최애는 그네였다. 앉아서도 타고, 서서도 타며, 그네를 힘차게 굴러 어른 키만큼 높은 담장 너머를 보겠다고 애쓰던 기억이 난다. 몇 시간 동안 바람을 가르며 그네를 타고 있으면 어느새 점심시간이 되었고, 혼자 놀고 있는 내가 신경 쓰였던지 유치원 선생님은 점심도 챙겨주셨다. 염치를 몰랐던 건지, 난 염치없이 맛있게 먹었다.

그렇게 일 년이 지나는 동안, 난 한 번도 유치원에서 공부하고 있는 언니, 오빠들이 부럽지 않았다. 그러나 단 하루, 그들이 졸업하는 날 예쁜 졸업식 가운과 학사모를 쓰고 졸업사진을 찍을 때는 너무나 부러웠다. 나도 언니, 오빠들처럼 사진을 찍고 싶었다. 엄마는 찡찡대는 나를 달래며 이유를 몰라 왜 그러냐고 했지만, 난 엄마에게 그 이유를 말하지 않았다.

일 년 후, 나의 차례가 되었다. 그러나 나는 유치원에 다니지 못했다. 대신 7살이 되던 해 부모님은 나를 곧바로 학교에 보냈다. 7살에 학교에 들어가면서 나는 애매한 위치에 놓였다. 동네에는 7살인 친구들이 있었고, 학교에 가면 나는 그들보다 한 학년 더 위라 언니라는 호칭을 얻게 되었기 때문이다. 그래서 나의 위치는 동네에서도, 학교에서도 늘 애매했다. 고등학교를 졸업하고 대학에 가서는 고등학교 때 후배들이 처음엔 언니, 언니 하다가 나중에는 "나이도 같으니, 이제 말 놓아도 되잖아"라고 말하는 상황이 되었다. 사회에 나와서 나는, 내 나이에 맞춰서 친구라 부르기로 기준을 정했다. 그런데 막상 내 나이대의 친구들을 많이 만나지는 못했다.

숙희는 나와 같은 나이로, 나보다 더 내성적인 친구다. 어린 시절 부모님을 따라 미국으로 이민 온 1.5 세대이다. 나보다 훨씬 전에 미국에 온 것이다. 지금이야 한류니, 뭐니 하면서 한국이라는 나라를 조금은 아는 것 같지만, 내가 처음 미국에 왔을 당시만 해도, 모든 동양인은 중국인, 간혹 일본인 쯤으로 생각하는 게 대다수였다. 한국이 어디 있는지, 한국이 분단된 나라인지도 모르고, 한국에서 왔다고 하면, 북한에서 왔냐고 물어보는 사람도 있었다.

숙희가 미국에 왔을 때는 어땠을까? 더하면 더했지, 덜하지는 않았을 것이다. 그녀가 다녔을 학교는? 당시의 상황은 상상보다 더 낯설고 힘들었을 것이다. 그래서인지 그녀의 모습은 늘 주눅 들어 보였다. 세상의 무상한 흐름 속에서 자신감 없이 지내는 숙희를 보면, 그녀의 내면에 쌓인 수많은 감정이 느껴졌다. 겉으로는 차가워 보이기도 했지만, 사실 그녀는 따뜻하고 순수한 마음을 지닌 사람이었다. 그런데도, 숙희는 종종 세상을 무심하게 바라보곤 했다. 그녀가 그토록 자신 없고 소극적으로 된 이유는 아마도 그녀가 겪어온 수많은 어려움 때문이었을 것이다.

어느 날, 나는 숙희를 집으로 초대하여 저녁 식사를 함께 했다. 따뜻한 식사와 함께 대화를 나누던 중, 그녀가 미국에서 단 한 번도 여행을 떠난 적이 없다는 사실을 알게 되었다. 나이아가라 폭포, 마이애미 해변, 라스베가스, 이 모든 명소가 그녀에게는 그저 그림 속 풍경일 뿐이었다. 그런 사실을 알고 충격을 받았지만, 숙희 앞에선 아무렇지 않은 척 다른 얘기를 했다. 난 숙희가 나의 반응으로 또 다른 상처를 받을까 봐 빨리 화제를 돌렸다.

나는 숙희와 나눈 대화 속에서 숙희의 부모님이 살아온 삶을 엿볼 수 있었다. 그녀의 부모님은 내가 지금 걷고 있는 길을 먼저 가신 분들이다. 그들은 미국에서의 삶을 안정시키기 위해 끊임없이 노력해 왔을 것이고, 생계 걱정과 자녀 교육의 어려움 속에서도 미국 사회에 적응하려 애썼을 것이다. 그러다 보니, 여행이라는 사치스러운 기회는 그들에겐 먼 이야기였던 셈이다. 이곳 생활이 숙희에게 더 녹록지 않았던 이유 중에도, 그녀의 부모님이 겪어온 고난과 고단함이 한몫

했을 거라는 게 느껴졌다. 숙희는 남들의 시선에 신경 쓰지 않으려는 듯, 자신의 작은 세계 속에서 의미를 찾으려 애썼고, 이를 조용히 지키며 자신만의 방식으로 살아가는 듯했다.

한 울타리

한인들에게 한인교회는 단순히 신앙의 공간만은 아니다. 한국을 떠나 낯선 땅에서의 외로움과 그리움을 달래기 위해, 많은 이들은 교회로 발길을 향한다. 거기서 그들은 한국어로 서로의 이야기를 나누고, 함께 한국 음식을 먹으며, 고향의 정을 느끼곤 한다. 일요일마다 어머니들은 정성스러운 음식으로 점심 식사를 준비하고, 아버지들은 사업 이야기를 나누며 친목을 다졌다. 젊은이들은 예배 후 농구나 축구를 하며 에너지를 발산했다. 교회 안에는 고향을 떠나온 사람들이 느끼는 공통의 그리움과 따뜻한 연대감이 존재했다.

 나 역시 미국에 처음 와서 오빠를 따라 두 번 정도 한인교회에 가본 적이 있다. 예배를 드리고, 모두가 함께 모여 점심을 먹으며 서로의 안부를 묻고 웃음꽃을 피웠다. 하지만 어학원을 다니면서 교회가 단순히 신앙을 위한 공간만이 아니라는 것을 알게 됐다. 모두가 믿음 때문에 교회를 찾는 것은 아니었다. 상당수는 자신의 사업을 홍보하거나 네트워크를 확장하기 위해 모이는 것 같았다.

한인 상점에 갈 때마다 교회 전단지를 나눠주는 사람들이 입구에 서 있는 모습을 볼 수 있다. 한번은 한 여성이 내게 다가와 전단지를 주며 자신의 교회로 오라고 설득하기 시작했다. 그녀는 자기가 다니는 교회가 얼마나 좋은지, 내가 현재 어느 교회를 다니는지, 왜 그녀의 교회에 가야 하는지 끊임없이 꼬치꼬치 캐묻고 설득했다. 그녀는 한인 상점에서 마주칠 때마다 똑같은 행동으로 나를 무척 불편하게 했다. 그래서 나는 그녀를 외면하려고 노력했었다. 그 모습은 마치 한국의 지하철에서 사이비 종교 단체가 종말을 외치며 설교하는 모습과 닮아 있었다. 그 후 알게 된 것은, 그 여성이 홍보하던 교회가 실제로 사이비 종교 단체였다는 것이다. 나의 직감이 맞았다. 설마 이곳에서도 이런 상황을 마주할 줄은 상상도 못 했다. 어학원에서 알게 된 한 친구도 그 교회에 다니고 있었는데, 이미 그곳에 빠져 아무리 설득해도 귀를 기울이지 않았다.

먼 타국에서 교회나 성당은 단순한 종교모임 이상의 역

할을 한다는 걸 알게 되었다. 비록 모두가 순수한 마음으로 모이는 것은 아닐지라도, 그마저의 소속감도 없다면 이민자들은 마치 무인도에 홀로 남겨진 듯한 기분이 들 것이다. 그래서 사람들은 자연스럽게 말이 통하는 곳, 서로의 마음을 이해할 수 있는 그곳에 모여 누군가와 대화를 나누며, 위안을 찾는다. 교회와 성당은 그들에게 안전하고 따듯한 울타리와도 같다.

한인 청년

한창 졸업식이 열리는 시기! 한국과는 다르게 미국에서는 5월 말, 이맘때쯤 졸업식을 한다. 퇴근길에 근처 고등학교에선 졸업식이 진행되고 있었다. 졸업생의 앞날처럼 운동장은 환하게 밝혀져 있었다. 운동장에는 졸업생을 축하하기 위해 온 가족들, 재학생들, 학사모를 쓰고 졸업 가운을 입은 학생들로 가득했다.

그들의 모습을 보니, 얼마 전 출근길에 라디오에서 들었던 자동차 사고 소식이 불현듯 떠올랐다. 그 사고로 고등학교 졸업생 한 명이 숨지고, 또 다른 한 명은 중상을 입었다는 비극적인 소식이었다. 며칠 뒤, 한인 신문을 읽다가 그 사고를 낸 운전자가 21세의 한인 청년이라는 사실을 알게 되었을 때, 내 마음은 더욱 무거워졌다.

그 사고가 난 곳은 한인이 많이 사는 지역이다. 근처 아파트 단지에는 많은 한인이 거주하고 있고, 한인 청년도 그곳에 살고 있었다고 한다. 사고 당시, 그의 차에서 술과 대마, 여러 가지 약물이 발견되었다. 그는 35마일 속도 제한 구역에서 무려 122마일로 질주하다가 좌회전하던 차를 들이받았다. 사고 현장은 참혹했다. 상대 차는 반으로 찢어져 반은 길가에, 반은 근처 집의 앞마당에 떨어졌다고 했다. 신문에 실린 보도 사진을 보면서도 믿을 수가 없어 한참을 넋 놓고 있었다.

이 사고로 사망한 친구는 곧 있을 졸업식과 무도회를 기대하며 대학 입학을 앞두고 있던 장래가 밝은 고교 졸업반 학생이었다. 당시, 같이 타고 있던 그의 여자친구는 여전히 병원에서 중상을 입은 채 생사를 놓고 싸우고 있다고 한다. 이제 막 피어나려던 그들의 젊은 생명이 허무하게 꺾인 현실에 생판 모르는 나도 가슴이 아려왔다. 하물며 그 학생의 부모님과 가족들, 친구들이 느낄 고통은 상상조차 할 수 없다. 그들의 상실감과 슬픔을 어떻게 위로할 수 있을까? 어떤 말도, 어떤 위로도 그들의 아픔을 치유할 수 없을 것이다. 그저 그들이 하루빨리 이 상처를 이겨내고, 고인이 편안히 잠들길 기도할 뿐이다.

21세의 한인 청년, 그도 아직 어린 나이다. 왜 그는 술과 약물에 빠졌을까? 어떤 아픔이 그를 이렇게 만들었을까? 이민자로서의 외로움, 아니면 단지 어리석은 선택의 결과였을까? 같은 민족이라는 이유만으로 때로는 자부심, 때로는 미안함, 그리고 때로는 연민을 느끼게 되는 것은 결국 우리의 동족애에서 비롯됐을 것이다. 더 어린 시절의 나였다면, '내가 옳고, 네가 틀렸어!'라고 쉽게 말할 수 있으련만, 이제는 모든 사람의 인생에는 그들만의 이유와 상처가 있다는 것을 조금은 이해하게 되었다.

　만약 이 청년에게 또 한 번의 기회가 주어진다면, 그렇다면 그는 이 기회를 통해 다시 태어날 수 있을까, 아니면 더 큰 잘못을 저지를 위험에 노출되는 걸까? 내가, 이 질문에 대한 답을 찾을 수 있을지 모르겠다. 삶이란 기쁨과 슬픔이 교차하는 여정이지만, 죽음은 언제나 우리에게 더 큰 질문을 던진다.

치기공

취업 이민 비자를 받기 위해선 전문직이 답이었다. 하지만 내 열망만으로 눈앞에 놓인 산들을 넘기엔 온통 부족한 것들 투성이었다. 미국 대학에 진학할 실력이 충분하지 않았고, 기초부터 차근차근 수업을 듣기에는 시간도, 재정적 여유도 없었다. 막막함을 느끼던 어느 날, 주말마다 치기공을 배우러 다닌다는 크리스탈 언니의 이야기를 듣게 됐다. 나는 손재주도 좋고 눈썰미도 있는 편이라 쉽게 배울 수 있을 거라고 기대했다. 하지만 크리스탈 언니는 그곳이 아무나 들어갈 수 없는 곳이라고 했다. 그런데 나의 사정을 알고 있던 언니는 직접 선생님께 알아봐 주겠다고 했다. 얼마 후, 운 좋게도 아직 두 자리가 남아 있다는 이야기를 전해주었다. 그 말을 듣고 평소에 가깝게 지내던 제시카 언니도 함께 치기공

수업에 참여하기로 했다.

한 달간의 무료 클래스가 끝나갈 무렵, 선생님은 다음 단계는 유료 수업으로 진행한다고 했다. 제시카 언니는 본인의 실력이 형편없고 소질이 없다고 판단하여 수업을 그만두기로 했고, 크리스탈 언니는 다른 수강생들과 수업에 계속 참여하기로 했다.

나는 치기공을 통해 취업 이민 비자 받기를 원했다. 선생님은 내 실력을 높이 평가한다고 했지만, 비자 진행에 관해 이야기할 때는 진행비 외에도 추가 비용이 들 수 있음을 은연중에 언급했다. 그 순간, 돈을 받고 영주권을 해준다는 이야기가 그저 뜬소문이 아니라는 걸 알았다.

시간이 지나, 나는 다른 작은 회사를 통해 영주권 신청을 진행하게 되었다. 그 과정에서 직원 한 명을 채용하는 데 들어가는 보험료와 세금이 상당하다는 사실을 알게 되었다. 대기업은 재정적으로 여유가 있어 이런 부담을 쉽게 감당할 수 있을지 모르겠지만, 작은 회사에서 직원 한 명을 고용한다는 건 결코 쉬운 결정이 아니란 걸 알게 됐다. 게다가 영주권을 받을 수 있는 확률도 낮아진다. 회사가 직원을 채용하는 데 겪는 경제적 부담을 알게 되니, 그제야 왜 선생님이 추가 비용을 언급했는지 조금은 이해할 수 있었다.

취업 이민 비자와 영주권을 신청할 때 가장 중요한 것은 회사의 재정 상태와 외국인 직원이 정말로 필요한가이다. 그때 나는 이민 비자와 영주권 과정이 얼마나 복잡하고 어렵게 얽혀 있는지 조금씩 깨닫게 되었다. 언제나 필요한 것은 돈이었다. 돈, 돈, 돈! 당시 나에게는 없는 그 돈이라는 게 너무나 절실했다. 그런 현실이 가르쳐 주는 것은, 사회가 원하는 것이 나라는 사람의 존재나 가치가 아니라 오로지 돈이라는 사실이었다. 모든 결정은 결국 돈으로 이루어지고, 그 순간들 속에서 내겐 무력감만 더해갔다.

이미 경험한 사람들의 말을 들으면 지레 겁이 났다. 취업 이민 비자를 받기 위해 영주권 고용주 회사에서 밤낮없이 일했다는 얘기는 나를 더욱 조심스럽게 만들었다. 영주권을 받기 위해선 영주권 고용주 회사에 자신의 영혼을 바쳐야 한다는 말을 자주 들어서였다. 회사에서 직원이 맘에 들지 않거나 필요 없다고 판단하면 언제든지 신청을 취소할 권리를 갖고 있기 때문이다. 그래서 많은 이민자가 사장의 부당한 요구에도 가족을 위해 참고 견디며 영주권을 받을 때까지 자신을 희생하고 조심하게 된다.

물론, 중간에 잘리게 되더라도 방법이 아예 없는 것은 아니다. 같은 업종의 다른 회사를 찾아서 다시 시작할 수 있다. 하지만 때에 따라 그동안 쏟았던 시간과 노력이 한순간에 물거품이 될 수도 있다. 영주권이 하루아침에 '금 나와라 뚝딱!'하고 나오면 좋겠지만, 그런 행운은 모두에게 주어지지 않는다. 영주권 고용주 회사를 찾는 것 자체가 쉽지 않고, 연줄이 있거나 뛰어난 능력이 있어야 한다. 능력이 있는 직원이라면 어떤 회사가 거절하겠는가. 그런데 그마저도 중간에 회사가 문을 닫거나 재정적인 문제가 생길 수 있고, 우리가 상상할 수 없는 변수가 두더지 잡기 게임처럼 예상치 않은 곳에서 툭툭 튀어나온다. 이민 비자와 영주권 신청 과정은 기다림의 연속이고 그 기다림 속에서 혹시나 문제가 생겨 더 지연되지는 않을까 하는 불안감이 늘 도사린다. 그리고 그 긴장의 끈은 영주권 카드가 내 손에 들어올 때까지 절대 놓을 수 없다.

　케이스 바이 케이스라고 상황에 따라 다르겠지만, 어학원을 다니던 시절에 만난 어떤 분은 취업 이민 신청을 나보다 훨씬 일찍 했는데, 내가 영주권을 받은 후에도 여전히 아무런 진전이 없다고 했다. 내가 영주권 인터뷰를 할 때, 이민국 직원의 책상과 사무실 전체에 산더미 같은 이민 서류들이 쌓여 있던 게 떠올랐다. 혹시라도 이민국 직원이 그 서류 더미를 실수로 넘어뜨려서 잘 정리되어 있던 서류들이 뒤죽

박죽되는 바람에 늦어지는 게 아닌가 하는 희망 섞인 농담을 해보았지만, 그저 위로의 말일 뿐이다. 그분의 상황을 지켜보며 안타까운 마음이 들었다. 이민국에 전화하거나 변호사에게 문의해서 진행 상황을 확인해 보라고 다그쳐 보아도, 그분은 이미 지칠 대로 지쳐 있었고, 더 이상의 에너지가 남아 있지 않아 보였다. 끝없는 기다림과 불확실한 미래 속에서, 그분의 눈에는 피로와 체념이 서려 있었다.

타국에서 합법적으로 산다는 건 돈 없고, 능력 없고, 연줄 없고, 행운이 따르지 않으면 호락호락하지 않다는 걸 알게 됐다. 상담했던 변호사는 치기공으로 영주권을 받기는 어렵다고 했고, 나는 더 이상 미련을 두지 않기로 했다.

알량한 자존심

선배 어! 아니, 네가 왜 여기 있어?
나 아, 안녕하세요. Hi~.
아내 Hello, how are you?
아내 Do you know her?
선배 Yes, she is my junior from the school.
나 아, 네. 오빠한테 놀러 왔다가,
영어 공부 좀 해보려고요.
선배 어~ 그래. 내가 운영하는 회사가 이 근처니까,
시간 날 때 놀러 와. 그럼, 다음에 보자.
나 네, 안녕히 가세요. Bye~.

※

대학 시절, 그저 얼굴만 아는 사이였던 선배를 한인 상점에서 우연히 마주쳤다. 선배는 졸업 후, 미국으로 건너와 매력적이고 따뜻한 아내와 함께 가정을 이루었으며, 성공적인 사업 운영으로 풍요로운 삶을 살고 있었다. 그야말로 선배는 '이민자의 나라'와 '기회의 땅'의 상징처럼 보였다. 선배는 나를 보고 반갑게 인사해 주었고, 명함을 건네며 회사에 한번 찾아오라고 했다. 선배의 친절이 고마웠지만, 그 당시의 나는 쓸데없이 자존심만 부풀어 있었다. 속으론 자신감도 부족하고 모든 게 두려운 상태여서, 선배의 친절한 마음을 담아낼 만한 그릇이 되지 못했다. 결국 난 선배의 회사에 찾아가지 않았다.

학생 비자로 겨우 신분을 유지하며 지내던 나는, 이 생활을 언제까지 계속할 수 있을지에 대한 불안감이 들었다. 어학원에서는 하나둘 영주권을 받아 학교를 떠나는 이들이 생겼다. 나는 그들의 기쁜 소식을 진심으로 축하해 주었다. 그러면서도 마음 한편에는 부러움과 내 처지에 대한 한탄이 깊어져 갔다.

당시 내가 신청할 수 있는 비자 옵션은 취업 이민 비자,

결혼 비자, 그리고 투자 비자E-2 등이 있었다. 한때 투자 비자로의 전환을 생각해 봤지만, 문제는 언제나 돈이었다. 투자 비자는 미국 내 사업에 투자해 받는 비자다. 비자 승인은 투자 유형, 투자 금액, 지역에 따라 좌우된다. 또한 실직한 미국인을 위한 일자리 창출 목적으로 주어진다. 같은 이유로 사업을 설립할 때는 단순히 생계를 위한 목적이 아닌 수익을 창출할 수 있는 사업이어야 하며, 사업의 성공 여부가 비자 연장에 큰 영향을 미친다. 만약 사업을 통해 적절한 이익을 내지 못하는 경우, 2년마다 연장해야 하는 비자 갱신 시 승인이 거부될 수 있다. 그래서 부진한 사업에도 불구하고 세금 보고를 할 때 일부러 이익을 과대 보고하는 경우도 있다고 들었다.

경제적 여유가 있고, 자녀 교육 문제로 미국에 잠깐 거주하는 사람들이 주로 투자 비자를 시도하는데, 미국에서 사업 경험도 없고, 문화도 잘 모르는 상태에서 사업 이익까지 내야 하는 게 쉬운 일은 아닐 것이다. 대개 투자만 하면 쉽게 비자가 나온다는 말에 신청했다가 낭패를 보고 만다. 결국, 한국에서의 여유로웠던 삶은 먼 추억이 되어버린다.

이 상황을 보면서, 난 운 좋게? 돈이 없어서 투자 비자 신청을 할 수 없었던 걸 감사해야 하나라는 생각도 든다. 당시 내가 할 수 있는 유일한 옵션은 취업 이민 비자뿐이었다. 그 시절 나는 자존심 때문에 누구에게도 도움을 요청하지 않았다. 그 결과, 점점 더 막다른 골목에 몰리고 있었다. 학생 비자로 버티는 시간이 길어지면서, 나의 몸과 마음은 지쳐갔고, 합법적으로 학생 비자를 유지해야 할 이유도 점점 잃어가는 것 같았다. 당시 미국 내 불법체류_{체류 비자 만료 후} 중인 한국 국적자는 약 20만에서 25만 명으로 추정되었는데, 조금만 더 버티다가는 나 역시 그들과 같은 신분이 될 것 같았다.

그제서야 나는 알량한 자존심을 버리고 한인 상점에서 만났던 대학교 선배한테 연락하기로 마음먹었다. 전화할까? 문자를 할까? 고민이 되었다. '전화했는데 나의 미련한 자존심이 갑자기 튀어나와서 안부 인사만 하고 끊을 수도 있잖아. 아니, 선배가 도와줄 수 없다고 말하기 미안해할 수도 있잖아. 그러면 서로 어색해지고, 그래! 문자를 하자.' 며칠을 고민, 또 고민하여 문자를 어떻게 쓸지 구상했다. 썼다 지웠다를 몇 번, 바로 보낼 수가 없어서 혹시 부담 주는 글을 쓰진 않았는지, 여러 번 읽고, 또 읽은 후에 떨리는 손가락으로 전송 버튼을 눌렀다.

선배는 문자를 읽고 바로 전화를 주었다. "난 네가 이미 영주권 받은 줄 알았어. 조금만 일찍 연락했어도…." 선배의 사업장에서 이미 한 분의 취업 이민을 진행하고 있다고 했다. 선배는 다른 도울 수 있는 일 있으면 도와주겠다고 하고는 전화를 끊었다. 마지막 희망이라고 생각했는데, 사라져 버렸다. 난 선배한테 괜찮다고 했지만, 조금도 괜찮지 않았다. 다른 방법이 보이지 않아 하염없이 눈물만 났다. 바보.

셋.

꿈을 심어 주었어

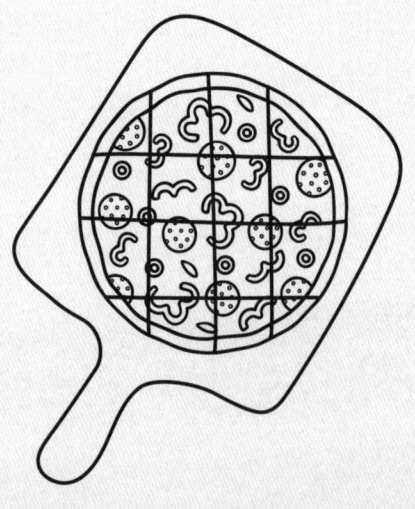

남은 2천 불

"우리 피자 가게 오픈했어요"라는 말에 주위에서는 "3개월이면 알 수 있다", "6개월이면 자리 잡는다"라고 말했다. 2년이 지나가는 시점, 우리는 간신히 피자 가게를 연명해 가고 있었다. 이번 달이 지나면, 하~아~ 다음 달, 다음 달은 또 버틸 수 있을지…. 지금까지 모아 두었던 여윳돈과 비상금을 다 쓰고, 통장에 남아 있는 건 겨우 2천 불밖에 없다. 가게 유지비가 7천 불 정도고, 거기에 식재료비가 들어간다. 우리가 살고 있는 집의 모기지 비용과 관리비도 약 천오백 불이 들어가는데, 이제 더 이상 방법이 없다. 집에 텔레비전과 인터넷 서비스를 끊은 지는 벌써 꽤 됐다. 집은 그냥 씻고 잠만 자는 곳이 됐다. 집에 있는 건, 세일할 때 사놓은 캔맥주와 싸구려 감자칩 몇 봉이 전부였다. 집엔 먹을 것도, 즐길 것도 없다. 다행인 건지 몇 년 전에 구입한 스마트폰이 있었지만, 이마저도 마구 쓸 수는 없다. 무제한 데이터가 아닌 제일 저렴한 패밀리 플랜이라 제약이 많다. 줄일 수 있는 건 다 줄였고, 더 이상 줄일 수 있는 게 없다. 집을 담보로 세컨드 주택 담보대출을 얻어야 하나? 이대로 무너질 순 없는데…, 하~아 땅이 꺼지게 한숨을 쉬어 보아도 답은 안 나온다.

게다가 한국에서 연락이 왔다. 가게를 열 때 한국에 있던 집을 담보 삼아 빌린 돈을 상환해야 한다는 전화였다. 절벽 끝에 서 있는 기분이다. 한 발만 더 밀리면 우리의 인생이 천 길 낭떠러지 밑으로 곤두박질칠 것 같았다. 6개월이면 장사가 자리 잡을 거라던 얘기는 우리와는 거리가 멀었다. 이제 곧 3년이 다 되어 가는데 이대로 끝인가? 우리의 도전은 빛을 보지도 못한 채, 빚만 지고 천 길 낭떠러지로 떨어지고 마는 건가? 내가 리처드를 다그치는 바람에 이런 일이 생긴 건가? 하~~아 한숨이 해결해 주지 않지만, 다시 깊고 긴 한숨을 내어 본다.

우리는 모든 방법을 동원해 마지막 남은 한 발을 더 밀리지 않기 위해 매일 전단지 돌리길 멈추지 않았고, 단골들에게 우리 피자를 소문내 달라는 당부도 잊지 않았다. 평소에 주문하는 작은 가게들에도 우리 전단지를 카운터에 놓고, 손님들에게 건네주기를 부탁했다. 우리 피자 가게는 스트립 몰의 끝에 자리 잡고 있어서 길가에서 잘 보이지 않는다. 지금도 가끔 손님들은 피자 픽업을 와서는 이곳에 몇십 년을 살았지만, 여기에 피자 가게가 있는 줄도 몰랐다고 하는 분도 있다. 그래서 더욱 파일론 간판에 신경을 쓴 것도 있었는데, 어렵게 걸린 코딱지만 한 간판은 우리 가게에 그다지 도움을 주지 못했다.

지푸라기라도 잡는 심정으로 매일 퇴근길에 사람들이 잘 보이는 길가로 나가 대형 피자 조각 모양의 세일 간판을 흔들며 호객 행위를 했다. 피자 세일 간판은 비용을 아끼기 위해 직접 만들었다. 제일 큰 피자 박스를 이용해서 내 키만 한 조각 피자 모양을 만들고, 사람들 눈에 띄는 형광색 네온 종이를 붙여 피자 세일을 한다는 간이 간판을 만들었다. 가격이 맘에 들어서 오는 손님, 궁금해서 오는 손님 등 나름대로 효과가 괜찮았다.

나의 호객 행위로 들어온 한 손님은 자기가 이곳에서 매니저를 했다고 한다. 이곳에 피자 가게가 생긴 것은 10년이 넘었지만, 아무도 성공하지 못하고 우리에게까지 넘어왔다. 그 손님이 일했을 때는 유명한 로컬 프랜차이즈가 운영하는 피자 가게였다고 한다. 이런 작은 피자 가게에 대형 워크인 냉장고와 냉동고가 설치되어 있는 것을 보면, 아마도 프렌차이즈 가게를 오픈하면서 제대로 갖추고 시작했을 소지가 다분하다. 그러지 않고선 이곳에 이만한 투자가 이뤄지기란 쉽지 않았을 것이다. 손님은 피자를 먹으면서 남편과 자신이 매니저를 했던 시절의 추억을 나눴다. 그는 피자가 맛있다고, 이 근처에 올 일이 있으면 다시 들르겠다고 약속하며 떠났다.

그분은 추억을 드시고 간 듯 보였다. 하지만 이곳에 추억이 있는 손님은 그리 많지 않았던 듯하다. 우리는 우리가 할 수 있는 일을 해가면서 마지막 한 걸음을 지켜내려 가까스로 버티고 있었다.

잇단 사고

손님이 없던 초창기에도 주말은 나름 바빴다. 그중에서도 금요일은 모든 요일의 장사를 모아놓은 듯했다. 아마 모든 날이 금요일 장사 같았으면 우리는 진작에 팔자가 폈을 것이다.

우리에게는 4칸짜리 데크 오븐Deck oven이 있다. 우리를 이 자리에 있게 해준, 어쩌면 우리보다 더 열심히 일하고 있는 데크 오븐은 바닥이 스톤으로 되어 있는 가스 오븐이다. 초창기에 멋모르고 오븐을 끄고 청소했던 것이 생각난다. 청소를 깨끗이 하고 상쾌한 마음으로 집에 갔는데, 다음날 오븐에 불이 안 붙는 것이다. 다행히 아래쪽 오븐은 불이 붙어 장사할 수 있었지만, 위쪽 오븐은 불을 붙이는 스파크가 작동되지 않아 오븐 기술자를 불러야 하는 사고를 쳤다. 상업용 데크 오븐은, 데우는 데만 반나절이 걸려 24시간 계속 켜 놓는다는 걸 몰랐다. 실수는 경험이 되어, 이제는 오븐 온도를 줄여놓고 퇴근한다. 이 오븐은 그때 이후 한 번도 쉬지 않고 불타오르고 있다. 어려운 시간을 함께해서인지 가게에 있는 모든 물건에도 감사한 마음이 든다. 아마 콘스탄틴도 이런 마음이었을 것이다. 데크 오븐은 화씨 450도에 맞추고 불에 가까운 오븐에선 팬피자, 딥디쉬, 파티 피자, 치킨윙과 사이드 음식들을 구워내고, 불에서 먼 윗 칸에서는 씬 크러스트 피자를 구워낸다.

불타는 금요일 점심시간! 그다지 바쁜 건 아니었지만, 문제는 같은 시간에 다른 방향으로의 배달 주문이 들어왔다. 배달원은 저녁에 오고, 점심은 나 혼자 배달 해야 하는 상황이라 방법이 없다. 코로나 이후 많이 달라지긴 했지만, 금요일은 많은 회사가 직원들의 사기충천을 위해 피자를 제공하는 곳이 많았다. 두 곳의 회사에서 직원에게 제공하는 점심 주문이 들어왔다. 한 곳은 W 약국, 한 곳은 C 정비소였는데, 두 곳 다 두 판의 파티 피자를 주문했다. 큰 피자라서 오븐 돌판 위에 바로 올리지 않는다. 피자 도우를 늘려 팬에 맞게 올려주고, 피자 소스 두 국자를 듬뿍 퍼서 피자 도우에 골고루 바른 후, 치즈와 토핑을 올리고 세 번째 칸 오븐에서 구워낸다. 크러스트가 두꺼운 걸 좋아하는 사람들은 팬Pan이나 딥디쉬Deep Dish 피자를 주문한다. 이 둘은 가게마다 부르기 나름인데, 둘 다 깊이가 있는 팬에 구워 나오는 피자로 빵이 두꺼운 것이 특징이다. 둘의 다른 점은 소스가 치즈 위냐, 치즈 아래에 있냐의 차이이다. 팬 피자는 씬 크러스트 피자처럼 피자 도우 위에 토마토 소스를 올리고 치즈가 올라가는 반면, 시카고 스타일 딥 디쉬는 피자 도우 위에 치즈가 먼저 올라가고 토마토 소스가 치즈 위로 올라간다.

W 약국에서는 채소 피자 한 판과 다른 한 판은 이탈리안 소시지 반, 페퍼로니 반으로 주문했다. 약국에서 일하는 직원들은 주로 인도계 여성분이 많아서 채소 피자를 자주 시킨다. C 정비소에서는 몸 쓰는 일을 하는 남자들이 많아서인지 주로 고기가 들어간 피자를 주문한다. 한 판의 반은 이탈리안 소시지, 다른 반은 페퍼로니를 그리고 다른 한 판은 고기 피자를 주문했다. 고기 피자에는 이탈리안 소시지, 페퍼로니, 햄, 베이컨이 토핑으로 올라가는데, 나는 감히 먹을 엄두도 내지 않는 피자다. 고기 피자의 토핑은 짜디짜다. 그들이 짠맛을 못 느끼는 것은 아닐 텐데…. 짭! 짭! 너무 짜게 먹는 그들의 건강이 걱정되기도 하지만, 이곳 사람들의 입맛에 맞추자니 어쩔 수가 없다.

어느 곳이나 마찬가지로 회사의 점심시간은 정해져 있어서 최대한 그 시간에 맞춰서 가져다주는 게 배달의 생명이다. 그런데 약국은 가게 북쪽이고, 정비소는 가게 남쪽이라 혼자서는 도무지 시간을 맞출 수가 없다. 어쩔 수 없이 먼저 구워 나오는 정비소 피자를 내가 먼저 가고, 약국 피자가 다 되면 리처드가 가게 문을 닫고 배달을 가기로 했다. 나는 피자 배달을 신속히 마치고 가게로 와서 다시 문을 열고 리처드가 오기를 기다렸다. 그는 10분이 지나도 오지 않았다. 전화했지만, 전화도 받지 않았다. 차에 기름을 넣으러 갔나? 하고 카운터를 지키고 있었지만, 왠지 불안했다.

갑자기 소방차의 사이렌 소리와 경적 소리가 요란하게 울려댔다. 사거리에 사고가 났는지 경찰차, 소방차, 응급차까지 모두 출동했다. 설마 리처드는 아니겠지? 라고 생각했지만 '설마'는 현실이 되었다. 사고의 주인공은 바로 리처드였다. 천만다행으로 리처드는 크게 다치지 않았다. 리처드 말로는 교통신호를 기다리고 있는데, 뒤에서 빠르게 달려오는 차를 보며 '왜 멈추지 않지?'라고 생각하는 순간, 쾅! 바로 리처드의 차로 돌진했다고 했다. 리처드의 SUV는 뒷문이 찌그러지고, 범퍼 2곳에 넓적하고 긴 구멍이 생겼으나, 운전하는 데는 지장이 없었다.

구급대원들이 리처드에게 응급실에 갈 건지 물어봤지만, 비용이 만만치 않다는 걸 알고 있는 리처드는 괜찮다고 하고 가게로 왔다. 조금 지나자, 목이 뻐근하고 어지럼증이 있는 것 같다고 하며 병원에 다녀오겠다고 했다. 내가 데려다 준다고 하니 금요일 오후, 언제 손님이 올지 모르니까 혼자 가겠다고 고집을 부렸다. 한 푼이라도 더 벌어야 이번 달 가게 유지비에 보탤 수 있다는 생각에 나도 리처드가 혼자 가게 내버려둬야 했다. 리처드는 혼자서 응급실에 가서 목과 뇌 MRI를 찍고 왔다. 차 사고의 후유증이 조금 있었지만, 다음날 털고 일어날 정도로 큰 증상은 없었다. 얼마 후, 보험회사 직원이 일요일 아침에 차 수리 견적을 내러 와서, 차 고치는 데, 3천 불 정도 든다고 했다. 그리고 병원비는 2천4백 불이 나왔다. 그래서 보험회사에서 총 5천4백 불이 적힌 보험금 지급 수표를 받았다.

보험회사 직원이 다녀간 그날 오후, 한 젊은 남성이 두 아이를 데리고 와서 피자를 주문했다. 피자가 만들어지는 동안 리처드와 젊은 남성 손님은 스몰 토크를 했다. 카운터에 놓인 리처드의 아이스하키팀 우승컵은 많은 남자 손님과의 스몰 토크 주제가 된다. 손님은 리처드에게, 아이스하키를 어디에서 하냐고 물어봤다. 마침, 그 손님은 아이스하키팀을 찾아보고 있었고, 리처드는 아이스하키팀 멤버를 더 모으고 있던 중이라 근처 아이스하키 아레나에서 아이스하키를 한다고 소개하면서 그 손님에게 자기 팀 아이스하키 연습이 있는 날 오라고 초대했다. 초대에 반응하며 손님이 내민 명함엔 '스캇'이라는 이름과 함께 형사 변호사Criminal Lawyer라고 쓰여 있었다.

아이들이 피자를 먹는 동안 리처드는 여담으로 사고 얘기를 하며, 병원비에 대한 불만을 토로했다. 병원에 잠깐 가서 사진 몇 장 찍고 왔을 뿐인데 병원비가 너무 많이 나왔다고 하니, 그는 병원 재무과에 병원비용을 일시불로 낼 테니 1/3로 깎아달라고 제안하라는 조언을 했다. 그러면 대부분의 병원 재무과에서 그러한 딜을 받아들인다고 했다. 우리 같은 이방인은 절대 알지 못할 정보였다. 아니나 다를까, 스캇이 말한 대로 병원 재무과에서는 우리가 제안한 금액에 조금 더해 천 불을 요구했다.

미국인 중에는 학비를 내고, 집을 임대하고, 차량을 유지·이용하는 데 들어가는 비용을 대출받아 평생 월부로 갚아 나가는 이들이 많다. 어학원을 다닐 때 만난 한 선생님은 나이가 40대 초·중반이었는데, 자기의 학자금 대출을 60살 쯤에나 다 낼 수 있을 것 같다고 말했다. 일반적으로 집도 모기지론주택담보대출을 통해 10년, 15년, 30년까지 조금씩 상환해 가며 살아가는 것이 이곳에서의 익숙한 풍경이다.

아무튼 병원에서 우리의 딜을 받아들인 걸 보면, 병원에서도 환자들이 병원비를 바로 내지 못하는 상황을 대비하여, 이자를 붙여 비용을 비싸게 책정하는 게 아닌가 싶기도 하다. 미국의 병원비는 정말 턱없이 비싸다.

우린 리처드의 병원비로 책정된 보험금 2천4백 불 중에서 병원비로 천 불을 내고, 스캇이 요구한 건 아니지만 그가 아니었으면 삼천 불을 모두 지불해야 했기에, 감사의 표시로 칠백 불을 스캇에게 건넸다. 스캇은 한국 사람처럼 두 번의 거절을 했지만, 완고한 리처드의 고집에 못 이기는 척 받았다. 리처드의 차 사고는 전화위복이 되어 낭떠러지에서 한 걸음 더 멀어질 수 있게 해주었다.

그러고는 일주일 후, 또 다른 사건이 터졌다. 우리 집 바닥은 모조 나무 바닥으로 되어 있다. 리처드가 처음 집을 샀을 때, 카펫이 깔려 있던 걸 모조 나무 바닥으로 바꿨는데, 퀄리티가 높은 바닥재가 아니라, 물이 닿으면 라면 상자가 물먹은 것처럼 부풀어 오르고, 모양이 뒤틀려 버렸다. 이미 여러 차례 그런 일이 있어서 보험회사에 보상을 요청했지만, 그들이 보상해 주는 카테고리가 아니라서 결국 자비로 수리

해야 했다.

　이번에는 변기가 샜는지 집안 복도에 물이 스며들었다. 걱정되어 보험회사에 문의해 보니 다행히 이번 사고는 보험 커버가 된다는 답을 받았다. 보험회사 직원이 와서 복도뿐만 아니라 복도와 연결된 거실까지 측정한 후 견적을 내주었다. 우리는 바닥 보수공사 비용으로 3천 달러가 적힌 보험금 지급 수표를 받았고, 복도에 사용할 자잿값을 제외한 모든 보험금을 가게와 집 유지비로 사용했다. 이렇게 되면 보험회사가 우리를 살린 건가? 이 두 사고로 우리는 뜻밖에 숨통이 트였고, 낭떠러지에서 조금 더 멀리 떨어진 곳에서 멋진 경치를 볼 준비를 할 수 있었다.

　리처드의 교통사고가 있기 얼마 전, 우리는 리처드를 사랑으로 키워주고 보살펴 주던, 리처드가 정말 사랑하는 할머니의 임종을 먼 이국에서 애도해야 했다. 지금도 리처드는 우리가 힘들었던 그때 얘기를 할 때면 돌아가신 할머니가 보살펴 주신 거라 믿고 있다.

리뷰

어떤 손님은 우리 피자 맛이 조금 밋밋하다고 했다. 우리 피자 소스는 약간 달달한 맛인데도 말이다. 식당에서 손님의 입맛을 백 퍼센트 맞출 수는 없다. 70 퍼센트 정도 입맛에 맞으면 흔들리지 말고 그 레시피를 유지하는 게 맞는 것 같다. 손님들의 리뷰에 감사하긴 하지만, 그렇다고 손님들의 다양한 구미를 따르다 보면 이도 저도 안 된다. 같은 음식을 먹어도 어떤 날은 더 맛있게 느껴지고 그렇지 않은 날도 있지 않은가. 어떤 손님은 늘 불평하면서도 자주 주문한다. 그런 경우는 그냥 그 손님의 스타일인 것이다. 요즘은 대체로 맛없는 식당은 찾기 힘들다. 손님들이 리뷰 평점을 낮게 주는 첫 번째 이유는 맛보다는 서비스인 것 같다. 손님을 어떻게 대하는지가 중요하다.

 옆 스트립 몰에 있는 피자 가게는 아버지 때부터 장사를 시작해 이제는 아들이 물려받아 이어가고 있다. 아들은 이곳에서 나고 자라 어른이 된, 지역 토박이 중의 토박이다. 길가다 마주치는 사람이 다 아는 사이일 정도로 익숙한 고향에서 큰 굴곡 없이 살아온 그 사장님은 날씨가 좋으면 고급 스포츠카를 타고 쩌렁쩌렁한 엔진소리를 뿜내며 거리를 질주한다. 그가 동네를 활기차게 달리는 모습을 보면 그의 인생은 언제나 승승장구, 탄탄대로처럼 보인다. 그런데 옆집 가게 리뷰의 반은 그 사장님의 에티튜드$_{attitude}$에 관한 얘기다.

반면 우리 가게의 리뷰가 좋은 건, 항상 똑같은 마음으로 손님들을 대하는 리처드의 태도 덕분이다. 리처드는 지금도 우리가 처음 가게를 시작했던 그때 그 마음 그대로, 손님들을 따뜻하게 대한다. 그의 원래 성품이기도 하지만, 리처드를 통해 나는 손님을 대하는 태도가 얼마나 중요한지를 배운다. 이곳은 유동 인구가 거의 없다 보니, 외지에서 오신 분들은 왜 우리 가게 리뷰가 이렇게 높은지 궁금해하며 찾아오기도 한다. 그런 손님들은 음식을 맛본 후 고개를 끄덕이며, 다음에 또 이곳에 오면 다시 찾아오겠다는 인사를 남기고 가신다. 손님들이 전하는 "맛있다!", "잘 먹었다", "또 오겠다"라는 말들은 언제나 우리에게 큰 힘이 된다.

스파이

역사는 일요일에 쓰인다. 우연히 변호사가 가게 손님으로 와서 우리를 도왔던 것처럼, 일요일에 또 다른 특별한 손님이 왔다. 그때는 그들이 누구인지 몰랐다. 일요일 점심시간, 그들은 전화로 12인치 스몰 씬 크러스트 피자의 반은 치즈, 반은 이탈리안 소시지를 주문한 후 매장을 방문했다. 두 남자는 가게에서 피자를 먹고 가겠다고 하면서 연신 피자 사진을 찍어대고, 리처드에게 가게를 연 지는 얼마나 됐는지 등 이것저것 물어보았다.

꼬치꼬치 물어보는 손님에게 리처드는 "당신들 혹시 경쟁 업체에서 염탐하러 온 스파이 아니에요?"라고 물으니, 그들은 그렇게 생각할 수도 있겠다면서, 자신들은 피자에 관한 책을 쓰려고 정보를 수집 중이라 피자 가게를 돌고 있다고 했다. 그중에 키가 크고 잘생긴 남자는 명함을 남겼고, 거기에는 시카고 로컬 텔레비전 푸드 리포터라고 적혀 있었다. 그들이 떠난 후, 난 그들에 대한 궁금증이 생겨서, 리처드에게 책이 언제 나오는지 물어보라고 했다. 리처드도 궁금했는지 그들에게 전화했고, 책이 나오면 꼭 사보겠다고 약속하며 전화를 끊었다.

주말은 여느 주말처럼 주중보다는 바쁘다. 그런데 이번 주말은 더 바쁜 느낌이다. 리처드는 시간이 나면 처음 보는 손님들에게 어떻게 알고 왔냐고 물어본다. 픽업을 온 한 손님이 "당신들 엄청나게 유명해졌어요"라고 말했다. "아니, 왜요?"라고 물으니, 손님은 유명한 로컬 푸드 리포터가 그의 SNS에 우리 가게에 대한 코멘트와 피자 사진을 올렸다고 전해주었다. 이는 로컬 푸드 리포터의 피자 관련 책이 나오기 전이었는데, 얼마 지나지 않아 그의 피자 책이 출간되어 지역 신문에도 소개되었다.

라몬은 지금이 좋은 기회라고, 이를 적극적으로 활용하자고 했다. 우리는 로컬 푸드 리포터에게 전화했다. 우리 가게를 책에 써준 것에 감사를 표하고, 그의 글을 우리 가게 홍보에 사용해도 되겠냐고 물으니, 그는 흔쾌히 수락했다. 우리는 지금도 그가 써준 코멘트와 그의 책을 가게에 진열해

났다. 시간이 꽤 흘렀는데도 불구하고, 지금까지도 그 책을 보고 찾아오시는 손님이 종종 있다.

    이것을 지켜본 몇몇 로컬 토박이들은 "얼마 주고 그 책에 들어갔냐?", "그 유명한 로컬 푸드 리포터를 어떻게 섭외했냐?"고 물어보기도 했다. 그때 미디어의 영향이 얼마나 큰지 알 수 있었다. 그 이후로 단골이 늘고, 가게의 매상도 조금씩 플러스가 되었다. 예기치 않은 두 번의 잇단 사고와 두 번의 만남이 우리가 낭떠러지로 떨어지지 않고, 멋진 나무들이 울창한 푸르른 숲과 청명한 하늘을 다시금 바라볼 수 있도록 만들어 줬다.

백마 탄 라일리

봄바람이 살랑살랑 불어오던 일요일 오후, 점심시간이 조금 지난 시간에 한 커플이 우리 가게 앞에 차를 세우고 들어왔다. 그때는 가게를 개점한 지 얼마 안 된 시점이었고, 나는 카운터에서 손님 응대하는 걸 자제했었다. 이제는 단골들이 많아져서 손님들의 낯이 익지만, 그 당시만 해도 이탈리안 대표 음식인 피자 가게에서 동양인 여자가 카운터를 지키고, 피자를 만든다는 사실은 손님들을 적잖이 당황하게 했던 모양이다. 자격지심일 수도 있겠지만, 어떤 손님은 어이없다는 눈빛으로 '당신이 피자를 만든다고?'라며 쏘아보는 것만 같았다. 아니 당신이 여기에, 어떻게, 왜? 라는 물음표를 달고, 다음에 오겠다고 말하며 발걸음 돌리는 일이 한두 번이 아니었다. 그래서 웬만하면 리처드가 손님을 응대하도록 했다. 생각해 보면, 한국에서 외국인 셰프가 운영하는 한국 전통식당에 들어가는 기분이 이와 비슷하지 않을까 싶기도 하다.

그날은 마침 리처드 팀의 아이스하키 경기가 아침 일찍 있어서 어쩔 수 없이 내가 카운터를 지키며 피자를 만들어야 했다. 다행히도 그 부부는 나의 외모나 말투에 전혀 신경 쓰지 않았고, 디럭스 피자를 주문했다. 25분 정도 걸린다고 하니, 그 사이 그로서리grocery 쇼핑을 하고 오겠다고 했다. 나는 속으로 안도의 한숨을 내쉬었다. 만약 그들이 가게에 앉아 있었다면, 계속 불편해서 시간이 멈춘 것 같은 압박을 느꼈을 것이다.

이렇게 첫 대면에서부터 아무 편견 없이 나를 편하게 대해준 분은 라일리 교수님이다. 특유의 쿠바 영어 엑센트가 인상적인 라일리 교수님은 금방이라도 룸바춤을 출 듯이 항상 흥이 넘쳤다. 교수님의 부인은 말수가 적으시지만, 따뜻한 마음이 느껴지는 내향적인 분이셨다. 교수님의 어머님은 우리 가게 근처에 거주하셨고, 주말마다 어머님 댁에 가시는 길에 우리 가게에서 피자를 주문해 가신다고 하셨다. 어느 날, 라일리 교수님이 어머님을 모시고 가게에 오셨던 적이 있었는데, 우리에게 인사를 시켜주려고 일부러 들리신 거라고 하셨다. 교수님의 어머님은 연세가 87 세신데, 전혀 그 나이라 믿을 수 없는 모습이었다. 엄청 고우시고, 말씀 한마디 한마디에 기품이 있고 교양이 넘쳐 흐르셨다. 나도 저렇게 늙고 싶다는 생각이 들었다.

라일리 교수님은 쿠바 이민자로 근처 대학교에서 펜싱을 가르치셨다. 어느 날, 교수님은 자기가 가르치는 학생들과 피자 파티를 할 건데, 혹시 배달이 가능한지 물었다. 자동차로 30분 거리, 우리가 배달 가는 지역이 아니지만 다른 분도 아니고 라일리 교수님이 부탁하는 것이기에 기쁜 마음으로 달려갔다.

나는 피자를 배달하러 라일리 교수님이 수업하는 펜싱장에 들어갔다. 평소 피자 가게에서 뵀을 때, 교수님은 내가 어깨동무하면 내 품 안에 쏙 들어올 정도로 작은 체구를 가지신 분이셨다. 그러나 그날 본 교수님은 전혀 다른 사람으로 변신해 있었다. 펜싱복을 입고, 한 손에는 펜싱 칼을 든 채로 마스크를 벗으며 내게로 다가오시는 모습은 마치 백마 탄 왕자처럼 후광이 빛났다. 교수님은 여느 때처럼 다정한 미소를 지으시며, 여기까지 배달 와 줘서 고맙다고 인사를 했다. 학생들이 교수님 뒤로 쫓아와서 피자를 받아 갔다. 라일리 교수님은 잊지 않고 가게로 전화해서 리처드에게도 맛있게 잘 먹었고, 배달해 줘서 고맙다는 말을 전했다.

라일리 교수님은 내가 외국인이고, 영어를 잘 못하는 것에 대한 편견 없이 나를 대해 주신 분이다. 팬데믹을 지나며 지금까지 뵙지 못했는데, 아마도 은퇴하시고 다시 쿠바에 가신 게 아닐지 짐작해 본다.

우리 가게 손님 중에는 교수님과 동명이인인 미세스 라일리라는 여성분이 있다. 그분이 피자 주문을 할 때면, 라일리 교수님이 생각나서 리처드와 나는 라일리 교수님 가족들과 함께했던 추억들을 얘기하곤 한다. 어디에 계시든지 건강하시고 행복하시길!

꼬마
캐서린

근처 아파트에 전단지를 돌리고 왔다. 건물 안으로 들어갈 수가 없어서, 입구 우편 박스 옆에 전단지를 놓고 왔다.

뽈렐레레레~ 뽈렐레레레~♪♩♬

리처드 OO 피자입니다. 저희를 찾아주셔서 감사합니다.
어떻게 도와드릴까요?

손님 여기 전단지 보고 전화했어요. 쿠폰 사용하려고요.

리처드 네~, 어떤 쿠폰인가요?

손님 9불 99센트짜리, 16인치 원$_{one}$ 토핑 피자요.
픽업 갈게요.

리처드 토핑은 어떤 걸로 해드릴까요?

손님 엑스트라 치즈로 해주세요.

리처드 네, 피자 굽는 데 20분 걸립니다.
　　　주문해 주셔서 감사합니다.

이날은 캐서린의 아빠가 우리 가게에서 피자를 처음으로 주문한 날이다. 그의 발음엔 프랑스인의 영어 엑센트가 있었다. 캐서린의 엄마는 히스패닉으로 근처의 큰 디파트먼트 스토어백화점 주얼리 가게에서 일한다. 캐서린은 우리 피자가 맘에 들었던지 아빠를 앞세워 늘 피자 픽업을 왔었다. 그러다 캐서린의 아빠가 더 이상 차로 피자 픽업을 태워다 주지 않자, 어린 캐서린은 피자를 배달시키기 시작했다. 피자를 주문할 때는 저금통에서 모은 동전을 꺼내, 고사리 같은 작은 손으로 떨어뜨리지 않게 조심하며 건네곤 했다.

한번은 크리스마스가 다가오던 주에 캐서린이 엄마와 함께 가게를 찾아와 초콜릿 과자가 가득 든 큰 선물 상자를 안겨주었다. 어린 시절, 시카고의 차가운 겨울바람에 볼이 불그레하게 물든 채, 설레고 들뜬 표정으로 선물 상자를 들고 오던 캐서린의 모습을 지금도 잊을 수가 없다. 그 추억을 간직하고 싶어서 꼬마 캐서린이 선물한 그 선물 박스는 아직도 소중히 가지고 있다.

캐서린은 이제 어느덧 자라서 스스로 번 돈으로 피자를

살 수 있는 나이가 되었다. 지금은 동네 무용 학원에서 꼬맹이들을 가르치고 있다. 어엿한 숙녀로 잘 자라준 캐서린의 모습을 보고 있노라면, 내가 키운 것도 아닌데 고마운 마음과 뿌듯함이 느껴진다. 오늘은 특별히 남자 친구와 함께 먹을 피자를 주문했다. 16인치 피자의 반은 페퍼로니, 다른 반은 캐서린이 좋아하는 치즈피자를 주문했다. 그녀의 변화와 성장, 그리고 여전히 우리 가게를 찾아주는 그 따뜻한 마음이 좋다.

도서관 가는 길,
코코

가게 근처에 새로 지어진 도서관은 내가 제일 좋아하는 도서관 중에 하나다. 신축 공사 기간 동안 임시 도서관이 우리 가게 길 건너 쇼핑센터에 있었는데, 그때부터 이용하게 되어 지금까지 자주 애용하는 도서관 중 하나가 되었다. 도서관 가는 이 길은 봄에 참 아름답다. 키 작은 벚나무들이 가지런히 줄지어 서 있어, 첫사랑이라도 하는 것처럼 설레이는 길이다. 주택가라서 벚나무 말고도 전선이 치렁치렁 벚나무 위로 늘어져 있다. 매년 전선이 나무에 닿지 않도록 벚나무의 가운데를 가지치기해서, 나무들이 하늘을 향해 두 팔을 벌린 듯 V자 모양을 하고 있다. 앙상한 가지들만 있을 때는 조금 우스꽝스럽게 보이지만, 벚꽃이 만개한 봄날에는 그 모습이 정말 멋있어지고, 그 길을 지나는 내내 기분도 자연스럽게

향긋해진다. 도서관으로 가는 이 길은 양방향 1차선의 조용한 주택가로, 코코의 집은 바로 이 예쁜 길가에 자리 잡고 있다.

뽈렐레레레~ 뽈렐레레레~♪♩♫
리처드 저희 가게를 선택해 주셔서 감사합니다.
어떻게 도와드릴까요?
코코 안녕하세요, 배달 주문 부탁드려요.
리처드 오, 코코! 잘 지냈어? 항상 먹던 걸로 해줄까?
코코 네! 오늘 제 생일이에요.
리처드 오, 그래~. 생일 축하한다. 사장님이 생일 선물로 주고 싶은데, 탄산음료 보내줄까? 아니면 엄마가 좋아하는 브레드 스틱을 만들어 줄까?
코코 탄산음료 주세요. 감사합니다.

매달 두 번, 일요일 오전 11시 반에 주문 전화를 한다. 12인치 엑스트라 치즈 피자를 주문하는 단골은 바로 코코라는 친구다. 코코의 아빠는 아담한 체구의 소방관이었는데, 몇 년 전 지병으로 돌아가셨다. 이미 성인이 되었으나, 엄마와 함께 살고 있는 코코는 언어 구사 능력은 뛰어나지만, 행동이 보통 사람과는 조금 다르다. 코코는 영어를 나보다 훨씬 잘하고, 미국식 언어를 구사한다. 조금 올드하게 느껴질 수 있는 언어를 사용하는데, 이는 부모님의 영향을 받은 것 같다.

한번은 코코가 가게에 피자 픽업을 와서는 자신이 우리 가게의 단골임을 강조하면서, 주머니 사정으로 가끔 유명 가맹점에서 피자를 사 먹지만, 맛은 비교가 안 된다며 우리가 최고라고 말해주었다. 미국에서는 유명 가맹점의 피자 가격이 더 저렴하다. 이는 대량생산과 체계화된 물류망 덕분일 것이다. 반면 개인 피자 가게는 신선한 재료와 손수 만드는 과정에서 추가 비용이 발생하기 때문인데, 특별한 맛과 퀄리티 있는 음식을 경험하려면 개인 피자 가게를 추천한다.

오늘은 코코가 피자를 주문하는 일요일이다. 코코도 아빠처럼 대부분 현금으로 계산했지만, 최근 몇 번은 카드로 계산하고 있다. 이미 주문할 때 팁까지 계산했기에 사인받는 것을 생략하려 했는데, 코코는 "사인을 해줄까요?"하고 내게 물어본다. 그래서 원하면 사인을 하라고 했더니, 잽싸게 카드 영수증을 낚아채듯이 가져간다. 자신의 펜으로 신나게 사인하고 돌아오는 코코의 얼굴은 무언가 새로운 것을 해냈을 때의 벅찬 미소가 가득했다. 내가 어릴 적에 처음으로 버스표를 끊고 뿌듯해하던 그 모습 같았다.

어느새 훌쩍 커버린 코코, 내 눈에는 여전히 어리게만 보이는데, 코코의 몸은 어느새 어른처럼 성숙해졌다. 그리고 그만큼 코코의 엄마도 나이가 들어갈 텐데… 코코를 보면 많은 생각에 잠기게 된다. 지금은 함께할 엄마가 있어서 다행이고, 다른 나라보다 장애인에 대한 지원이 많은 나라에 태어나서 다행이다. 코코와 가족 모두에게 앞으로도 행운이 가득하길 진심으로 바란다.

우리가 누군가에겐,
스미스네

스미스는 폴란드계 이민 2세이다. 그는 매주 똑같은 피자를 일주일에 기본적으로 한두 번씩 주문한다. 항상 겸손한 말투로 16인치 라지 피자에 엑스트라 토마토 소스와 토핑으로는 페퍼로니와 블랙 올리브를 웰던으로 구워달라고 주문한다. 한 번은 너무 과하게 탄 게 아닐지 걱정되어, 다음 주문 때 확인해 보니 스미스는 오히려 그 정도가 굽기가 더 좋다고 했다. 그의 피자를 구울 때마다 너무 과한 데란 생각을 떨칠 수가 없으나, 본인이 본인의 입맛을 더 잘 아니까….

스미스에게는 저먼 셰퍼드 German Shepherd라는 반려견이 있다. 배달 초기에는 나를 보고 온 동네가 떠나갈 듯 짖어댔지만, 이제는 내가 누군지 알아차린 듯 제법 살갑게 군다. 물론 대형견이라 때로는 무서울 때도 있다. 미국의 우체부들이 반려견의 난폭한 행동으로 자주 상처를 입는다는 뉴스를 본 적이 있어서 항상 경계를 놓지 않고 있다. 개 주인들은 자기 개가 순하다고 말하지만, 반려견에게 나는 그저 맛있는 피자 냄새가 나는 피자 레이디일 뿐이다. 다행히도 지금까지 개에게 물린 적은 없다. 개들이 달려들 때, 나만의 대처법은 나무처럼 가만히 서 있는 것이다. 그러면 개들은 나에게서 나는 맛있는 피자 냄새를 열심히 맡고, 이내 개 주인들이 나타나서 우리 개는 안 문다고 말한다. 그럼, 난 그저 미소를 보낸다.

스미스와 그의 여자친구 에리카는 함께 사는 커플로 우리 가게 초기부터 오기 시작한, 오래된 단골이다. 하루는 너무 한가해서 10분 정도 일찍 가게 문을 닫았는데, 그 사이에 전화를 했던 모양이다. 다음 날 전화가 와서 어제부터 기다렸다가 주문한다는 말에 고맙기도 하고 미안하기도 했다. 다른 손님들은 이럴 때 다른 피자 가게에 주문하기도 하지만, 스미스는 찐 단골 중 한 명이다. 가게 문 닫을 때쯤 주문하게 되면 늦게 주문해서 미안하다고 하고, 피자를 받을 때마다 "항상 맛있는 피자를 먹을 수 있다는 생각에 즐겁다"라는 말을 잊지 않는다. 그런 스미스의 반응을 마주할 때면, 우리가 누군가에게 맛있는 음식을 제공하고 있다는 생각에 뿌듯해지고, 그 덕분에 늘 힘이 난다.

  스미스와 에리카는 특별한 날이면 와인이나 작은 선물을 건네어 우리의 마음을 따뜻하게 해준다. 작년 크리스마스에는 직접 제작한 초콜릿 바구니를 선물로 보내주기도 했다. 그들의 정감 어린 행동과 배려는 단순히 피자를 주문하는 것 이상의 의미를 지닌다. 스미스는 오늘도 저먼 셰퍼드와 함께 문 앞에서 기쁜 마음으로 피자를 받는다. 땡큐 스미스~

마일스와 제인, 그리고 다비드

내가 살고 있는 곳은 호수와 공원이 많고, 아파트나 큰 회사가 아니라면 웬만한 건물은 5~7층을 넘어가지 않는다. 근처의 큰 백화점도 겨우 2층이다. 이제는 낮은 건물에 더 익숙해져서 시카고 다운타운의 빼곡하게 높이 솟아있는 빌딩들을 보고 있노라면 마치 다른 세계인 듯한 느낌을 받는다.

오늘 주문은 이 동네에선 꽤 높은 건물인 12층 아파트 빌딩! 몇 년 전, 다비드네 가족은 오랫동안 살던 곳을 떠나 근처에 새로 지은, 더 고급스러운 이 아파트로 이사를 왔다. 비록 피자 가게와는 조금 더 멀어졌지만, 우리는 여전히 그들과 좋은 인연을 이어가고 있다.

다비드네 가족은 두 판의 피자를 주문하는데, 첫 번째 피자는 16인치 라지 피자에 그린 페퍼, 양파, 마늘 토핑을 올리고, 12인치 스몰 피자에는 그린 페퍼와 마늘 토핑, 그리고 탄산음료를 주로 주문한다. 아들 마일스가 어렸을 때는 피자 한 판이면 충분했는데, 이제는 마일스가 거의 성인 몸집이 되어 피자 한 판으로는 부족하다고 작은 피자를 하나 더 추가한다. 마일스는 아주 어렸을 때부터 아이들이 보통 싫어하는 그린 페퍼, 양파, 마늘을 좋아했다. 마일스가 어릴 적에는 피자의 반은 양파 없이 주문해서, 우리는 당연히 마일스가 양파가 없는 피자를 먹는 줄 알았다. 그런데 의외로 다비드가 양파를 즐겨하지 않는다고 해서 놀랐다. 다비드네 가족은 시나몬 스틱을 좋아하지만, 체중 관리 때문에 항상 주문을 망설인다. 그래서 명절이나 특별한 날에는 그들이 망설이지 않도록 서비스로 시나몬 스틱을 챙겨준다.

오늘은 특별히 마일스의 생일파티를 한다고 라지 피자 네 판을 주문했다. 친구들과 집에서 생일파티를 연다고 하는데, 마일스가 벌써 16살이 되었단다. 미국에서는 '스위트 식스틴'이라고 부르며, 성년이 되는 나이의 특별한 생일날이다. 오래전, 이전 아파트의 클럽하우스커뮤니티 센터를 빌려 마일스의 5살 생일파티를 할 때가 기억난다. 마일스의 엄마인 제인의 얼굴이 좋지 않아 보였다. 그래서 괜찮냐고 물었더니, 마일스가 너무 빨리 커버리는 게 슬프다며 눈물을 훔

쳤다. 그런데 벌써 세월이 이렇게 흘렀다니…. 영어에 'Time Flies'라는 말이 있다. 직역하면 '시간이 날아간다'인데, 그만큼 시간이 빠르게 지나간다는 뜻이다. 이제는 그때 제인의 마음을 알 것 같다.

마음이 여리고, 배려심 넘치는 제인은 내가 네 판의 피자와 음료수를 3층까지 옮기기 힘들까 봐 마일스를 아래층으로 내려보내겠다고 기다리라고 한다. 마일스와 함께 탄 엘리베이터에서 스몰 토크를 하는데, 마일스가 얼마나 우리 피자의 팬인지 알 수 있었다. 하루가 다르게 커가는 마일스에게 이제는 길 가다 마주쳐도 난 널 못 알아볼 것이라고 했더니, 나보고 걱정 붙들어 매란다. 본인이 피자를 사 먹은 세월이 있는데, 자기가 먼저 당장에 아는 체할 거라고 했다. 이곳에선 16세가 되면 운전면허 시험을 볼 수가 있어서 운전면허증을 땄냐고 물으니 교육 중이라고 했다. 곧 있으면 마일스가 차를 몰고 피자 가게에 픽업 올 것을 상상하니 벌써 만감이 교차한다.

제인은 시카고 다운타운 토박이다. 제인의 부모님은 지금도 다운타운에 거주하고 계신다. 제인은 몇 년 전 간호학교를 마치고 자격증을 취득했다. 기쁘고 들뜬 목소리로 합격 소식을 전했던 게 엊그제 같은데, 이제는 어엿한 간호사로 자리 잡아 모든 게 안정되어 보인다. 그녀는 처음 만난 그날과 변함없이 항상 상냥하고 친절하다.

다비드의 가족은 우리가 피자 가게를 열고 맞이한 첫 크리스마스를 따뜻하게 보낼 수 있게 해줬다. 제인은 직접 구운 크리스마스 쿠키와 카드를 선물하기 위해, 일부러 피자를 주문했다. 제인이 손수 구운 쿠키를 건네주었을 때, 난 나도 모르게 감사의 눈물을 흘렸다. 그때는 막 시작한 가게를 어떻게 자리 잡아 가야 할지 걱정이 많았고, 하루하루가 불안했던 시기였다. 제인이 건넨 쿠키 박스 속에는 당시 우리에게 필요했던 관심과 사랑, 그리고 정이 들어 있었다. 쿠키 박스와 함께 전해진, 어린 마일스가 쓴 크리스마스 카드는 철자가 틀린 우리의 이름도 똑바로 보이게 하는 매직을 만들어 냈다. 우리는 그 마음에 진심으로 감사해하고, 지금도 서로를 챙기며 지내고 있다.

"체인징 잇 업!"
아이린

슬로베니아계 2세 아이린, 리처드는 '이리나'라고 부르고 나는 '아이린'이라고 부르는데, 그녀는 우리가 어떻게 부르든 신경쓰지 않는다. 아이린은 금발의 백인이며, 아이린의 남편은 아이슬란드계 미국인이다. 그녀의 아버지는 슬로베니아인으로 미국에 이민 오셨다고 했다. 작년에 세상을 떠난 아이린의 아버지는 87세였다. 아이린은 아버지를 돌봐 줄 돌보미를 구하려고 했지만, 사람을 구하는 것이 쉽지 않았다고 했다. 당시, 아이린의 아버지는 '이제 그만 세상을 떠나고 싶다'라고 자주 말씀하셨다고 한다. 건강하게 늙는 것이 무엇보다 중요하다는 생각이 드는 순간이었다. 혼자 할 수 있는 것이 없으니 더욱 그런 생각이 들었을 거라 짐작해 본다. 아이린은 오랜 간병 생활 때문인지 아버지의 죽음에 대해 무덤덤해 보였다. 그동안 아버지가 병상에 누워 누군가의 도움 없이는 아무것도 할 수 없었기 때문에, 아이린도 많이 지쳤을 것이다.

아이린은 리처드와 체격이 비슷하다. 리처드에게선 맨 처음 내가 보았던 후리후리하게 멋진 모습이 온데간데없이 사라졌지만, 그때보다 더 튼튼해졌다. 체중을 좀 빼야 하는데, 나도 잘 못하는 것이라 뭐라 할 말은 없다. 다이어트는 평생의 숙제다. 우리 둘 다 항상 하는 말이 "내 생애 한 번도 말라 본 적이 없다"라는 것이다. 이것도 나이가 들어가니, 날씬한 것보다는 건강이 우선이라면서 서로를 위로한다.

아이린은 항상 두 판의 12인치 씬 크러스트 피자를 주문한다. 첫 번째 피자는 이탈리안 소시지, 두 번째 피자는 페퍼로니와 양파 토핑이 올라간 피자를 주문한다. 아이린은 매번 같은 피자를 주문하면서도 버릇처럼 "Changing it up바꾸다"이라고 말한다. 아주 가끔은 다른 걸 주문하기도 하는데, 그때는 집에 손님이 왔을 때이다.

아이린에게는 일상생활에 어려움을 겪는 성인 자녀가 있다. 그 친구는 아이린의 도움이 절실히 필요하다. 아이린이 지친 건 어쩌면 그녀의 아버지, 그리고 성인이 된 자녀까지 챙겨야 했기 때문이 아닐까 싶다.

저녁 장사 시간이라 바쁘게 이리저리 뛰고 있는 주방의 나를 보며 아이린이 다정하게 인사를 건넨다. 보통의 손님들은 먼저 눈이 마주치지 않는 이상은 일부러 아는 체하는 경우는 드물다. 그래도 나를 잘 알고 있는 손님들은 내가 바쁜 눈치여도 먼저 인사를 한다. 아마 아이린에게 나도 그런 존재인가 보다. 고마웠다. 다음에는 내가 먼저 인사를 건네야겠다.

게으른
레이나

"Hi~ This is lazy Leina!"라고 재치 만점의 위트 있는 인사를 하는 레이나는 광고사의 편집국장이다. 스스로를 '게으른 레이나'라고 소개하는 그녀는 요리하는 것보다는 피자를 주문하는 걸 훨씬 더 선호한다. 리처드는 그녀의 유머러스한 인사를 좋아한다. 우리는 가끔 해야 할 일이 있는데 하기 싫어서 일을 미루는 날에, 레이나가 하는 것처럼 '디스 이즈 레이지 리처드'라고 하며 소소한 말장난을 한다.

레이나는 늘 12인치 페퍼로니 피자를 바삭하게 굽고, 14인치 치즈피자의 한쪽에는 이탈리안 소시지, 베이컨, 파인애플 토핑을 추가해 달라는 주문을 한다. 레이나가 우리의 단골이라 추가로 올리는 토핑은 서비스로 해드린다. 다른 식당은, 모든 디핑 소스를 계산서에 포함한다. 어떤 손님은 브레드 스틱을 주문하고선, 7명이 나눠 먹을 거라고 인원에 맞춰 7개의 디핑 소스를 요구하기도 하는데 그러면 참 난감하다. 배보다 배꼽이 더 큰 순간이기 때문이다. 그래도 리처드는 계산서에 포함하지 않고 그냥 드린다. 리처드에겐 손님들의 계산적인 속마음을 눈감아주는 넉넉한 마음이 있다.

레이나는 쭉쭉 뻗은 큰 키에 단발머리를 하고, 뿔테 안경을 썼다. 멀리서 보는 그녀의 뒷모습은 사뭇 모델 같기도 하다. 광고사에서 일하는 그녀는 시간 관리에 매우 철저해 피자를 주문할 때 우리가 알려준 시간에 정확히 맞춰 피자를 픽업하러 온다. 가끔 픽업 시간에 늦을 때면 항상 왜 늦었는지에 대해서 설명하곤 한다. 호호, 직업병인 게 분명하다.

레이나 가족이 우리의 단골이 된 건, 로컬 푸드 리포터 덕분이다. 레이나의 남편이 로컬 푸드 리포터가 낸 피자 책을 읽다가 우리 가게를 알게 되었고, 피자를 먹어본 후로는 맛있다며 계속 오고 있다. 역시 미디어의 힘!

뉴요커 회계사
커크

뉴요커 회계사였던 커크는 직장 때문에 이곳에 이사 와 직장 동료의 추천으로 우리 가게의 단골이 되었다. 비록 지금은 다시 뉴욕으로 돌아가 누구나 아는 탄산음료 회사에서 일을 하고 있지만, 몇 해 전까지만 해도 이곳에서 우리 피자를 즐겨 먹었다. 커크의 말로는 처음 주문하고 피자 픽업을 왔을 때, 가게 안 분위기나 주인장 리처드, 모든 게 좋았다고 한다. 그럼에도 피자가 맛없으면 또 올 수 없으니, 피자를 싣고 집으로 가는 길에 제발 피자가 맛있기를, 자기 입맛에 맞기를 기도했다고 한다. 그런데 다행히 그가 뉴욕에서 자주 가던 피자 가게의 맛과 비슷하다며 우리 가게를 즐겨 찾았다.

뉴요커 커크는 뉴욕에서처럼 피자를 주문할 때 항상 파이 컷세모 모양으로 잘라 달라고 했다. 뉴욕은 파이 컷, 시카고는 스퀘어 컷작은 네모 모양으로 자르는 게 지역 특징이다. 정확한 이유는 알 수 없으나 시카고에서 피자를 스퀘어 컷으로 자르는 가장 그럴듯한 이유는 선술집에서 접시 사용을 하지 않기 위해서였다고 한다. 그리고 스퀘어 컷의 장점은 많은 사람이 나누어 먹을 수 있다는 것이다. 한편, 뉴욕에서 파이 컷을 자르는 이유는, 예전에는 사람들이 피자 한 판을 사기가 부담스러워서 조각 피자로 사 먹던 것을 시작으로 파이 컷이 자리 잡았다고 한다.

하루는 피자가 구워지는 시간보다 조금 일찍 픽업을 온 커크가 리처드와 카운터에서 신나게 얘기를 나누고 있었고, 커크의 파이 컷 미션은 영광스럽게도 내가 맡게 되었다. 싱글인 커크는 항상 14인치 페퍼로니 피자를 주문했다. 시카고식으로 14인치 피자는 가운데를 가로와 세로로 한 번씩 자르고, 가로로 위와 아래 한 번씩, 세로로 가운데를 중심으로 오른쪽과 왼쪽으로 한 번씩 16스퀘어 컷으로 자르지만, 파이 컷은 6조각을 자르니까 가운데를 한번 자르고, 오른쪽 대각선으로 한번, 왼쪽 대각선으로 한번 자르면 끝난다.

하지만 습관의 노예가 된 나의 손은, 입으로는 파이 컷이라고 외치면서도 피자를 스퀘어 컷으로 자르고 있었다. 피자의 반을 자르고 나서야 최면에서 깬 것처럼 아차! 싶었다. 나는 얼굴에 겸연쩍은 미소를 지으며 "커크, 정말 죄송합니다. 제가 당신의 피자를 반은 파이로, 반은 스퀘어로 잘라버렸습니다"라고 말했더니, 커크는 호탕하게 웃으면서 어차피 피자 맛은 변하지 않으니 상관없다고 했다. 뉴욕 피자에 익숙한 그가 파이 컷을 원했는데, 내가 망치고 말았다. 내가 계속 미안하다고 하니, 미안해하는 내 마음의 짐을 조금이라도 덜어주려고 했는지 커크는 다음에 또 스퀘어 컷으로 자르더라도 걱정하지 말라고 했다. 커크의 세심한 배려에 내 마음은 한결 가벼워졌다.

커크와 리처드는 쿵짝이 잘 맞아서 리처드가 안 바쁠 때면 이런저런 얘기로 수다를 10분 이상을 기본으로 나눴다. 그렇게 커크는 일주일에 한 번은 꼭 피자를 주문했다. 그러던 커크가 다시 뉴욕으로 발령이 났다. 평소에는 전화로 피자를 주문한 후 시간에 맞춰 픽업을 오는데, 마지막 피자 주문을 하던 날엔 평소와 다르게 가게로 직접 와서 주문했다. 커크는 주문을 마치고 리처드가 그의 피자를 만드는 걸 기다렸다. 피자를 오븐에 넣고, 피자가 구워지는 동안 리처드는 커크와 대화하려 카운터로 향했고, 커크는 오늘이 마지막 주문이라고 했다. 그러고는 쑥스러운 듯 손 글씨로 빼곡하게 한 자 한 자 정성 들여 쓴 감사 카드와 근처 자전거점에서 사용할 수 있는 100불짜리 기프트 카드를 주면서 작별 인사를 했다. 우리가 쉬는 날에 자전거를 타러 간다는 것을 알고 신경 써서 준비한 선물이라 그 감동은 더 컸다. 정작 감사 인사를 해야 할 사람은 우리였는데, 커크의 행동은 우리의 마음을 더할 나위 없이 따뜻하게 만들어 주었다.

커크는 항상 우리를 도우려고 했다. 본인이 쉬는 날, 직장 동료의 집에 놀러 갈 때도 피자를 주문해 갔다. 커크 덕에 그의 친구 중 몇몇은 지금도 우리의 단골이 되어 계속 방문한다. 그런 친구들 편에 우리는 커크의 안부를 묻기도 한다.

사람의 인연이란 얼마나 소중한가. 좋은 인연을 만들기 위해서는 그만큼의 노력이 필요하고, 대가 없는 시간도 필요하다는 걸 알았다. 그리고 내가 지금 만나는 사람들을 소중히 여기는 것이 얼마나 중요한지를 깨달았다. 많은 것을 일깨워 준 커크에게 감사하다. 땡큐, 커크!

마음을 나누며

피자 가게에서 일하면서 만난 사람들과의 교감은 단순한 직업적 만남을 넘어, 삶의 깊은 연결고리를 만들어 준다. 그들이 주었던 따뜻한 위로와 친절은 오늘날 우리가 살아가는 삶의 원동력이 되었다. 연말이 다가오면, 우리는 그 감사한 마음을 표현하기 위해 피자 나눔을 한다. 우리를 자주 찾아 주시는 손님들에게는 선물로 음료수, 사이드 메뉴나 피자 등을 무료로 나누고, 가깝게 지내는 이웃에는 연락을 취해서, 크리스마스 선물로 우리 가게에서 가장 큰 사이즈인 파티 피자를 제공하고 싶다는 의사를 전한다. 날짜와 시간을 조율하다 보면, 대부분의 가게는 직원들이 많이 모이는 주말을 선호한다. 주말에 바쁜 것은 스몰 비즈니스의 특성인 듯하다. 그래서 많은 가게가 직원이 모두 모이는 금요일이나 토요일 점심시간을 선택한다.

우리는 일 년 동안 우리를 안팎으로 도와준 손님들, 그리고 가까운 이웃들과 피자를 나누고 일 년을 마무리한다. 그러면 손님들과 이웃들도 우리의 마음을 받아 와인이나 초콜릿을 선물해 주고, 음식으로 감사를 표현하기도 한다. 이러한 작은 나눔들은 우리가 속한 공동체의 따뜻함을 더욱 깊이 느끼게 해준다. 또 지난 일 년 동안 우리에게 여러 가지 도움을 주었던 지인들에게도 잊지 않고 감사의 피자를 돌린다. 몇몇 분들은 직접 와서 인사를 전하고, 어떤 분들은 메시지로 감사의 마음을 전한다.

피자라는 매개체를 통해 연말과 연초에 우리는 함께한다. 이 특별한 순간들은 단순한 선물 교환을 넘어 상호 간의 진심 어린 마음과 유대의 표현이다. 우리 가게가 지금까지 이곳에서 건재할 수 있었던 것은 지인들, 이웃들 그리고 항상 변함없이 찾아주는 손님들 덕분이다. 피자 한 조각에 담긴 따뜻한 마음과 그로 인한 소중한 인연들이 오늘 우리가 살아가는 이유와 가치를 되새기게 해준다.

취업 이민
영주권

정체된 삶! 학생 비자만으론 이도 저도 할 수 없는 상황이었던 마지막 어학원 시절, 어학원이 더 이상 내게는 배움의 장소라고 여겨지지 않았다. 나는 무엇을 배우고 있다는 것도 느끼지 못했다. 말 그대로 신분 유지의 수단이었다. 학생 비자를 유지하려면 70% 이상의 출석률이 꼭 필요했기 때문에, 학교에 가는 이유는 거의 출석 체크를 하기 위한 것과 다름없었다. 하지만, 나는 여전히 취업 이민 영주권 취득을 위한 고용주 회사를 찾지 못하고 있었다.

그러다가 작은 회사를 통해 취업 이민 신청을 할 수 있는 기회를 얻었다. 변호사에게 문의하니, 회사의 소득 세금 보고 상태를 물었다. 회사의 재정이 튼튼한가를 보기 위해서였다. 변호사는 장담할 수는 없지만 시도는 해볼 만하다고 답

변했다. 뭐라도 해야 할 것 같은 때였다. 그때는 누군가 내게 이민 사기를 쳤어도 한 치의 의심 없이, 그 어떤 말이든 믿고 싶었기 때문에 사기를 당했을지 모른다. 다행히 변호사의 전문적인 조언과 법률 보조원의 세심한 안내로 절차를 잘 진행할 수 있었다.

※

취업 이민 진행 과정을 간략하게 적어 보면, 크게 세 단계로 나뉜다. 첫 번째는 노동 인증서Labor Certification—LC를 받는 것이고, 두 번째는 취업 이민 청원I-140 단계, 마지막은 영주권I-485 신청 단계이다. 세 번째 단계에서는 한국에서 대사관을 통해 비자를 받아 미국에 올 수도 있고, 미국 내에서 합법적으로 체류하며 진행할 수도 있다. 나는 후자에 속하는 경우다.

영주권이 진행되는 동안에 영주권 승인 거부를 대비하여 학생 비자를 유지해야 했다. 제3순위와 일부 제2순위 신청자는 반드시 노동 인증서 절차를 거쳐야 한다. 이 과정은 고용주가 구인 광고를 내고, 영주권자나 시민권자를 고용할 수 없다는 것을 증명하는 것이다. 광고는 최소 30일간 주요 신문에 게재해야 하고, 이후 30일을 기다려야 노동 인증서를 신청할 수 있다. 광고의 목적은 미국 내 적합한 인력이 없음을 증명하는 것이다.

두 번째 단계는 미국 고용주가 취업 이민 청원서I-140를 이민국에 접수하는 것이다. 이 과정은 외국인 노동자를 고용하기 위해 고용주가 보증인으로서 이민국에 청원하는 절차이다. 주요 심사 내용은 다음과 같다. 해당 직종이 실제로 학력이나 경력을 요구하는지, 직원이 필요한 자격을 갖추고 있는지, 그리고 고용주가 임금을 지급할 재정적 능력이 있는지를 확인한다. 외국인 노동자가 미국에서 일하면서 회사에 큰 도움이 되기 때문에, 영주권을 부여하겠다는 것이다. 나는 취업 이민 청원서 신청 후 이듬해에 워크퍼밋취업허가증을 받았다. 이후 마지막 단계인 신분 조정I-485 Adjust Status, 영주권 신청을 진행했다. 주변 사람들은 모두 놀랐다. 회사 규모가 작고, 중간에 추가 서류 요청이 있었음에도 불구하고 매우 빠르게 진행되었기 때문이다. 지금까지의 쉽지 않은 긴 여정을 통해 마침내 결실을 본 것이기에, 모든 과정이 특별하게 느껴졌다.

하늘이 내 마음을 알아준 것이 아닌지, 열심히 살아온 결과로 하늘이 내려준 선물이 아닐지…. 영주권, 그린 카드가 내 손에 쥐어졌다는 사실이 실감 나지 않았다. 마지막이라고 생각했던 순간에 좋은 결과를 얻을 수 있었던 것은 많은 이들의 도움 덕분이다. 특히, 법률 보조원이 네 번이나 바뀌는 와중에도 처음과 마지막에 중요한 도움을 주었던 모니카와 타냐에게 깊은 감사의 마음을 전하고 싶다. 내가 거머리처럼 질문에 또 질문을 해도, 그들은 나의 입장을 이해해 주고 도움이 되고자 했다.

처음에는 관광 비자로 와서 영어를 배워보겠다고 시작해, 부끄럽게도 어학원에서만 학생 비자로 긴 세월을 보냈다. 만약, 이 작은 회사의 도움이 없었다면 지금 내가 어떤 상황에 놓였을지 알 수 없다. 아마도 여전히 학생 비자로 연명하며 불안과 두려움 속에서 지내고 있거나, 장기적으로는 불법체류의 위험에 처해 다른 비자 옵션을 찾아 헤매고 있었을 것이다. 그 상황에서 내 삶의 방향은 크게 달라졌을 것이고, 현재의 안정된 삶을 얻기 어려웠을 게 분명하다. 자기 일처럼 발 벗고 나서준 이들의 지원이 있었기에 가능한 일이었다. 난 참 인복이 많은 사람이다. 내가 해준 것도 없는데… 감사할 뿐이다.

넷.

어쩌다 보니

나도 한번 가볼까?
미국!

마당에서 엄마는 눈물을 훔치고, 아빠는 멀뚱하게 서서 먼 산을 보고 계신다. 엄마는 밥 잘 챙겨 먹고, 몸조심하고 등등 신신당부를 한다. 오빠가 미국 회사에 취업하게 되었다. 그날은 오빠가 미국행 비행기를 타러 가기 전, 시골 부모님 댁에서의 마지막 날 아침이었다. 엄마는 전날부터 울기 시작했는지 눈이 퉁퉁 부어 있었고, 볼멘소리와 함께 코를 연신 풀어내며 흐르는 눈물을 훔치고 있었다.

나는 오빠가 공항으로 가는 길을 함께 하기로 했고, 울고 있는 엄마를 달랬다. "전쟁 나가는 것도 아니고, 2년이면 다시 돌아올 텐데 뭘 그러냐"라고 엄마를 안심시켰다. 큰아들을 먼 나라로 보낸다는 게 엄마에게 어떤 마음이었을지 쉽게 상상이 안 되지만, 아마도 아들을 다시 군대에 보내는 마음이었나 보다.

  엄마가 왜 그리 눈물을 흘렸는지, 그에 대한 답이라도 하듯, 오빠는 한국에 다시 돌아오지 않고 미국에 정착했다. 내가 미국에 오면서 여행 삼아 오빠한테 다녀올 거라 했을 때, 엄마는 오빠를 미국에 보낼 때와는 다르게 조심해서 다녀오라는 말만 하셨다. 아마 내가 오빠처럼 여기서 자리를 잡고 살 거라곤 추호도 생각하지 않았을 것이다.

  대학 졸업 후, 방과 후 학생들을 가르치면서 다른 친구들처럼 정교사가 되어야겠다고 생각했다. 내가 다닌 대학은 4년제였으나 교원자격증이 주어지지 않아 나는 교원자격증을 따기 위해 다시 대학원에 들어가야 했다. 그런데 논문 학기를 남기고, 논문에 대한 고민, 취업에 관한 고민을 하면서 무슨 바람이 불었는지 대학원을 졸업하고 교사가 되면 나의 자유가 사라질 거란 생각에 문득 미국에 있는 오빠한테 다녀오자는 맘이 들었다. 이미 미국 여행을 마치고 돌아온 여동생에게 오빠의 상황이 어떤지를 물었다. 이런저런 얘기를 듣고 난 후, '나도 한번 가볼까'란 말 한마디에 행동력 좋은 동생은 내 여권과 비자 만드는 일을 마치 본인이 여행 가는 사람처럼 모든 준비를 해줬다. 만약 동생이 적극적으로 나서지 않았다면 난 지금 이곳에 없었을지도 모른다.

정확, 신속, **빠릿빠릿**하게 서류 준비를 해준 동생 덕에 나는 미국에 오게 되었다. 이렇게 나의 미국 생활은 시작되었다. 그때는 잠깐의 여행으로 와서 영어 공부나 좀 더 해볼까 하는 생각이었는데, 그게 어느새 20년이 흘러버렸다.

ESL

내가 처음 미국에 왔을 때, 오빠가 ESL_{English as a Second Language} 수업을 등록해 줬다. ESL은 영어가 모국어가 아닌 사람들의 영어 향상을 위해 있는 수업이다. 한국에서 중·고·대학교를 거쳐 영어 수업을 받았지만, 당시의 나는 몸뚱이만 수업 시간에 앉아 있었을 뿐이었다. 허송세월한 내 아까운 시간, 그때는 몰랐다. 처음 미국에 가겠다고 했을 때, 동생은 영어도 잘 못하는데 어떻게 미국에 갈 거냐며 걱정했다. 그런 언니가 불안했는지 동생이 영어책을 사줬지만, 나는 그 책을 한 장도 보지 않고 동생의 걱정이 귀찮아서 여행 가방에 그냥 쑤셔 넣어 왔었다. 그때의 나는 '부딪히면 다 하게 되어 있어!'라는 마인드로 자신만만했었다. 무모했지만 뭐든 할 수 있을 것 같았던 그때의 자신감이 어디서 나왔는지 모르겠다. 이방인으로 살아가면서 그때의 당당하고 자신감 넘치던 모습을 다 잃어버렸다.

커뮤니티 컬리지 입구에는 예쁘고 깔끔한 운동장이 보이고, 컬리지 안으로 들어가면 20개가 넘는 건물이 있다. 나름 큰 커뮤니티 컬리지인 이곳은 학생 수가 무려 2만 6천 명이 넘는다. 나는 이곳에서 ESL 레벨 테스트를 봤다. 그런데 그 결과는 참담했다. 기초 중의 기초 수준으로 클래스를 들을 수도 없는 상태였다. 먼저 듣기와 기초 영어 단어를 익히는 시간을 거쳐 어느 정도 듣기가 가능해졌을 때 나는 기초반 수업에 참여할 수 있었다. 예상했던 결과지만 너무 창피했다.

다행히 다음 학기에는 첫 수업을 들을 수 있는 실력까지 올라갔다. 그곳에는 연세가 지긋한 목사님과 세탁소 여사장님을 포함해 한국, 중국, 멕시코, 유럽 등지에서 온 다양한 국적의 학생들이 있었다. 선생님은 멕시코계 미국인이었는데, 열정과 위트가 넘치는 분이셨다. 다만, 진도가 느려 우리가 시작한 교재를 다 끝내지 못했던 게 아쉬웠다. 그 시절, 나는 커뮤니티 컬리지에서 배우는 영어가 재밌어서 더 배우려 했고, 어린아이가 말이 트이면 쉼 없이 재잘대듯, 실전에도 빨리 써먹고 싶었다.

그러던 어느 날, 한인 2세인 친구가 나에게 했던 말 한마디는 내 자신감을 일거에 무너뜨렸다. 하루는, 한인 2세들끼리 영어로 대화 중이었다. 나도 좋은 기회라고 생각해서 영어로 더듬거리며 말했더니 그 친구가 "그렇게 바보같이 말하지 말고 한국말로 해"라고 했다. 물론 나의 영어가 어순 무시하고 발음도 엉망인 데다, 막무가내로 자신감만 가득 차 아무렇게나 신나게 떠들어대는 게 거북했을 수도 있다. 그 뒤로 나는 위축되어 서서히 영어뿐 아니라 우리말을 할 때도 주춤하게 됐고, 처음의 무모했던 자신감도 조금씩 잃어가기 시작했다. 외국인들과 대화하다가도, 그들이 내가 말하는 것을 이해하지 못해 "왓What!?"이라고 하면 나는 더 당황했고, 그 소리는 마치 내가 말하는 영어에 답답함을 느끼는 것 같았다. 그럴수록 내 자신감은 더욱 바닥으로 치달았다. 지금은 그때보다는 훨씬 나아졌지만, 여전히 처음 이곳에 왔을 때만큼의 자신감과 용기를 완전히 회복하지는 못했다. 그러나 조금씩 나은 환경으로 상황을 개선해 나가면서, 서서히 자신감과 자존감을 되찾아 가는 중이다.

첫 어학원

커뮤니티 컬리지 ESL 기초반을 마치고, 정식으로 학생 비자를 받아 어학원에 입학했다. 학생 비자를 받는 과정에서는 커뮤니티 컬리지 영어 기초반에서 만난 세탁소 사장님에게 큰 도움을 받았다. 앞으로의 계획을 서로 얘기하던 중, 세탁소 사장님은 나의 상황에 관해 듣더니 본인이 재정 보증인으로 도와주겠다고 선뜻 나섰다. 그분이 나의 성실함과 진실함을 믿고 도움을 주고 싶다고 했다. 난 그렇게 세탁소 사장님 덕분에 학생 비자를 받을 수 있었다.

학생 비자를 받고 내가 처음으로 다녔던 어학원은 '컬리지'라는 이름을 가지고 있었지만, 사실은 테크니컬 스쿨기술학교에 가까웠다. 이 기술학교는 주 정부가 소득이 낮은 시민권자들이 간호와 회계 등의 무상 교육을 받아 더 나은 직업을 가질 수 있도록 지원하는 프로그램을 운영하고 있었다. 하지만 외국인과 유학생은 전액 등록금을 내야 했다.

　이 학교에는 대부분 유럽에서 온 학생들이 주를 이루었고, 한국 학생은 나와 또 다른 남학생뿐이었다. 그 학생은 아버지를 도와 세탁소에서 일하면서 취업 이민을 진행 중이라고 했는데, 얼마 지나지 않아 영주권을 받아 더 이상 학교에 나오지 않았다. 그렇게 나는 그곳에서 유일한 한국 학생이 되었다. 영어를 막 배우기 시작한 나로서는 모든 게 낯설고 어려웠다. 수업을 같이 듣는 학생들은 대부분 유럽 친구들인데, 그들의 영어는 나와는 비교도 안 됐다. 문법이 좀 약하긴 했지만, 글을 써야 하는 게 아니라면, 그들의 말하기 듣기 수준은 이미 나에겐 최상의 레벨이었다.

　학교는 집에서 한 시간 정도 떨어진 곳에 있었다. 매일 새롭게 배우는 것이 너무 즐거워서 운전하며 오가는 그 길이 전혀 지루하지 않았다. 신경 쓸 일도 많지 않았고, 영주권 취득은 남의 일처럼 느껴져 그저 학교에 가는 것이 즐거웠다.

　초급반을 가르친 선생님은 특유의 강한 영어 엑센트를 가지고 있어서 표준적인 영어도 겨우 알아듣는 나에겐 너무 어려웠다. 게다가 그 선생님은 수업에 대한 열정이 없어 보였다. 마치 공부하기 싫은 학생이 수업 시간이 빨리 끝나기만을 바라는 것처럼 느껴졌다. 반 친구들은 선생님의 수업에 불만이 많았다. 선생님의 수업에 불만을 가진 몇몇은 어학원 원장님께 불만을 제기하기도 했지만, 선생님은 바뀌지 않았다.

그 후, 중급반으로 레벨이 올라가면서 만난 우크라이나 출신의 선생님은 완전히 달랐다. 단정한 단발머리에 화려한 귀걸이, 몸에 딱 맞는 바지나 체크무늬 플레어스커트를 즐겨 입고, 주로 하이힐을 신고 다녔다. 이 선생님은 딱 봐도 무거워 보이는 본인의 반만 한 큰 가방을 들고 다녔다. 한 손으로 가방을 들고 걸을 때면, 휘청휘청 금방이라도 하이힐이 부러질 것 같았다. 선생님은 외모뿐만 아니라 수업에서도 열정이 넘쳤다. 매번 교재와 프린트물을 준비해 오셨고, 수업할 때는 목에 힘줄이 보일 정도로 최선을 다해 가르쳐 주셨다. 그 열정에 나도 자연스레 자극받아 더 열심히 공부하게 됐다.

내가 유럽 학원생들이 다수인 어학원을 선택하게 된 것은 여러 가지 이유가 있다. 학생 비자로 바꿀 때 변호사 사무실에서는 세 가지 옵션을 말해주었는데, 첫째는 커뮤니티 컬

실에서는 세 가지 옵션을 말해주었는데, 첫째는 커뮤니티 컬리지, 다음은 한국 학생이 다수인 어학원, 그리고 내가 다녔던 어학원이었다. 변호사님은 각각의 장단점을 설명해 주었다. 사실 커뮤니티 컬리지에 가고 싶었지만, 그러기에는 내 형편이 여의찮았다. 나로서는 감당할 수 없는 비싼 등록금과 많은 재정보증금이 필요했다. 그래서 나는 가능한 한국인이 없는 환경에서 영어를 배우면 더 빨리 배우지 않을까 하는 마음에 유럽 학원생들이 다수인 어학원을 선택하게 됐다.

나중에 다녔던 어학원은 학생의 90퍼센트가 한국인이었다. 영어를 진지하게 공부하러 온 사람은 그저 10퍼센트 정도에 불과해, 공부할 분위기 자체가 만들어지지 않았다. 70~80퍼센트는 이미 한국이나 미국에서 모두 내로라하는 대학을 졸업한 사람들이 대부분이었다. 이곳 학생들은 첫 번째 어학원의 학생들과는 반대로 말하기가 약하고, 문법에 뛰어난 사람들이 훨씬 많았다.

학원생 중에는 자녀 교육을 위해 기러기 생활하시는 분들, 취업 이민 진행 중에 신분을 유지하기 위해 오신 분들, 대학교 졸업 후 취업 자리를 찾지 못해서 오신 분 등 다양한 이유로 합법적인 신분 유지를 위해 오시는 분들이 대부분이었다. 내 경험상 영어 공부를 하려면 한국 학생이 많은 어학원에 유학 올 필요 없이 한국에 있는 영어학원을 다니는 게 오히려 영어 실력 향상에는 더 도움이 될 거란 생각이 든다. 물론 여유가 된다면 컬리지에서 공부하는 것은 적극 추천하지만, 무엇보다 중요한 것은 공부하려는 마음가짐일 것이다.

첫 어학원에서의 시간은 내가 영어의 기초를 다지고, 진정한 공부의 즐거움을 느낄 수 있었던 소중한 시간이었다. 그 시절 나는 영어를 배우겠다는 열정으로 가득 찼었다. 이곳 생활을 처음 시작했을 때, 영어를 어려워하던 이민 선배님들이 "이민 오자마자 영어를 배워야 한다. 시간이 지나 이곳에 익숙해지면 영어에 대한 열정이 점점 사라져 결국 안 하게 된다"라는 말을 자주 했었다. 이제는 그 말이 조금은 이해가 된다. 나 또한 영어에 대한 열정이 그때만 같지는 않다. 그때 나는 매일 조금씩, 한 걸음씩 나아가며 새로운 세상에 발을 내딛고 있었다. 지금 생각해 보면 그 시절의 열정이 참 그립다.

미니밴

미국에서 나의 첫 차는 1994년산 녹색 미니밴, Dodge Plymouth Voyager였다. 애들이 있는 집에선 필수품처럼 꼭 필요한 미니밴은 많은 주부들이 모는 차종 중 하나이다. 대중교통이 취약하고 땅이 넓다 보니, 부모들이 해주는 라이드 없이는 이동이 쉽지 않은 곳이다. 나는 혼자 타니까 큰 차가 필요 없었지만, 당시에는 급하기도 했고 돈도 없어서 그 차가 최선의 선택이었다. 그저 싸게 살 수 있는 차가 있었던 것만으로도 기뻤다.

내 첫 차였던 그 미니밴은 여러모로 나와 같이 고생을 함께한 친구 같은 존재였다. 내가 이 차를 구입했을 때는 늦은 가을쯤이었다. 다음 해 여름이 되어서야 그 차에 에어컨이 작동하지 않는다는 걸 알게 됐다. 정비소에서 프레온 가스

에어컨 냉매 가스를 넣어봤지만, 조금 지나면 에어컨의 시원함이 사라졌다. 정비소 사장님은 프레온 가스 라인 어딘가가 새고 있는데, 이를 고치려면 비용이 많이 들 테니 고물차에 돈 들이지 말고 그냥 타라고 했다. 나는 정비소 사장님 말대로 에어컨을 고치지 않았고, 한여름에는 창문을 다 열고 다녀야 했다. 운전석과 조수석의 창문은 손잡이를 돌려서 열어야 하는 수동식이었고, 뒷좌석 창문은 밀어서 여는 방식이었다. 어떤 이유에서인지, 운전석 차 문 아래에 녹이 슬기 시작하더니, 급기야 군데군데 조금씩 떨어져 나가기 시작했다. 그래서 한겨울에는 녹슬어 떨어져 나간 그 부분으로 찬바람이 솔솔 들어와, 싸늘한 바람과 히터의 바람을 동시에 맞으며 운전해야 했다. 비록 에어컨은 고장 났지만, 시카고의 긴 겨울 동안 히터가 제대로 작동했다는 사실만으로도 감사한 일이었다. 물론 차 안이 넓다 보니 히터도 한참을 틀어야 겨우 열기가 돌았지만 말이다.

그렇게 5년 넘게 엔진오일만 갈아주며 별다른 문제 없이 잘 타고 다녔다. 그러다 어느 순간부터 여기저기 고쳐야 할 것들이 하나둘씩 생기기 시작했고, 결국엔 도저히 고칠 수 없는 지경에 이르렀다. 기름통에 엄지손가락만 한 구멍이 나서 기름을 넣자마자 줄줄 새 나갔다. 나는 당황해서 정비소로 정신없이 달려갔다. 정비소 사장님은 나한테 "미친 거 아니야"라며 버럭 화를 내셨다. 차가 터지기라도 했으면 어쩌려고 이 차를 몰고 왔느냐는 것이다. 그때는 차를 견인한다는 것도 몰랐다. 어리기도 하고 어리석기도 했다. 차에 대한 지식이 전무했던 나로서는 차가 폭발할 수 있다는 생각은 아예 하지 못했고, 그보단 졸졸 기름이 새어나가는 게 더 아까웠다. 지금 생각해 보면 정말 용감한 바보였다.

결국 나는 5~6년 정도 탔던 미니밴을 폐차시켜야 했다. 폐차하면 돈이 생긴다는 것도 몰랐는데, 정비소 사모님은 나에게 하얀 봉투를 건넸다. 차를 폐차하면서 나온 부품들을 팔아서 생긴 돈이라고 했다. 사모님 말씀으로는 원래는 안 주는 건데, 사장님이 '네가 착실하게 사는 모습이 좋아 보인다'라며 내게 주라고 했다는 것이다. 동병상련의 마음이었을 것이란 생각이 든다. 이방인의 삶이 어떤 건지 잘 알고 있던 정비소 사장님은 나를 조금이나마 돕고 싶었던 것이다.

이 정비소는 오빠가 먼저 이용하던 곳으로, 오빠가 다른 주$_{state}$로 떠난 뒤에는 내가 단골이 되었다. 그분들도 신분 문제 때문에 고생을 많이 하셨던 분들이라, 서로 고민을 공유하면서 친해졌다. 비슷한 시기에 미국에 건너와 같은 고민으로 고생하며 살아가는 나를 이해해 주셨고, 동생처럼 챙겨

주셨다. 시간이 지나면서 정비소 사장님 부부도 신분 문제를 해결하시고, 이제는 큰 회사에 들어가 정비사로 일하고 계신다. 정비소를 운영하실 때는 차에 문제가 있을 때마다 들르곤 했는데, 이제는 뵐 수가 없어 많이 소원해졌다. 내가 너무 잊고 지내는 게 아닌가 싶다. 이번 추수감사절에는 꼭 인사하러 가야겠다. 사람도 많이 쓰면 고장이 나서 생을 다하듯, 기계도 마찬가지다. 여기저기 고장 나다가 결국 떠나게 되는 것. 물건도, 사람도, 떠날 때가 있음을 받아들이며, 주어진 하루를 감사한 마음으로 살아가는 것이 우리가 할 수 있는 최선이 아닐까.

명태전 있나요?

"달그락달그락"

"오밤중에 뭐 하냐~?"

"아무것도 아냐~, 배고파서!"

"빨리 자라, 내일 학교 가야지."

"응~."

끼이익~, 농사일에 지쳐 무거운 눈꺼풀을 힘겹게 끌어올리며, 부엌문이 조금 열린 사이로 엄마가 묻는다. 중학교 1학년, 나는 이미 부엌일이 익숙했다. 농사짓는 부모님을 도와 밥 짓고, 설거지하고, 볶음밥 정도는 쉽게 해냈다.

나는 낮에 텔레비전에서 '피자'라는 것을 보았다. 밀가루 빵 위에 올려진 알록달록 토핑들과 하얀 치즈, 삼각형으로 자른 파이를 들어 올리니 쭈~욱 늘어나는 게 신기하면서도, 무슨 맛일까 궁금했다. 나는 한창 사춘기 때라 오밤중에 군것질이 하고 싶은데, 그런 건 친척들이 명절에 선물로 사 올 때만 있었던 것들이다. 집에 과자 같은 건 없었다. 낮에 텔레비전에서 본 피자가 생각나서 만들어 보려고 했다. 시골집에 치즈나 알록달록 토핑은 없다. 먹던 김치를 볶아서 케첩을 좀 넣고, 뭔가 부족해 보이니 엄마가 집에서 담근 쿰쿰한 집 고추장도 조금, 설탕도 조금 넣고, 파는 쫑쫑쫑 썰어서 놓고, 밀가루 빵은 밀가루에 물 넣고 치덕치덕 평소 만들어 먹는 전보다 되직하게 섞어 기름 약간 두른 팬 위에 구웠다. 뒤집어서도 한 번 구워주고, 만들어 놓은 김치 토핑을 위에 올려 피자 같지 않은 피자를 만들어서 피자인 척 먹었다.

피자라고 부르기에 민망하지만, 호기심으로 만들어 본 나만의 첫 피자! 그땐 내가 미국에 살면서 피자 맨을 만날 거라곤 상상도 하지 못했다. 더욱이 내가 '진짜' 피자를 만들어 판매할 거라 누가 알았겠는가. 처음 피자를 만들어 보던 그날의 추억이 리처드와의 인연을 예고했던 것일까? 그래서 리처드에게 관심을 두게 된 걸까?

✳

리처드는 나를 만나기 이전부터 한국 문화, 음식, 역사에 관심이 많았고, 한국을 사랑하고 있었다. 한국어를 배우려 하고, 한국의 역사를 알려고 하는 그런 모습이 좋아 보였다. 우리가 처음 만난 건, 한인 상점에서였다.

후리후리하게 키가 크고 체격이 건장한 외국인이 명태전이 다 팔린 것을 보고, 나에게 주방에 남아 있는 게 있는지 확인해 주길 부탁했다. 그는 베이지색 아디다스 모자에, 록 밴드 퀸이라고 쓴 회색 티, 그리고 카키색 카고 반바지에 아디다스 운동화를 신고 있었다. 짙은 쌍꺼풀에 파란 눈동자, 오똑한 코와 갈색 톤의 눈썹과 단정한 머리를 한 그는 다른 사람에게 방해가 될까나 조용하고 겸손한 말투로 물었다. 그리곤 얼굴에 옅은 미소를 머금고, 내가 하는 얘기를 알아듣기 위해 집중하고 있었다. 다 팔리고 없다는 대답에 잠시 상심한 듯했지만, 금세 밝은 얼굴로 괜찮다고 다정하게 말했다.

이 외국인은 방금 나가는 것을 봤는데, 다시 곧바로 가게에 돌아왔다. 명태전 대신 다른 걸 사려고 왔나보다 생각하는 사이, 그는 내게 다가왔다. 그는 수줍게 자기 명함을 주고 피자 가게에 놀러 오라고 했다. 명함에는 OO 피자 가맹점

매니저 리처드라고 적혀 있었다.

　나는 그런 얘기 하는 게 쑥스러웠지만, 그날 왜 명함을 주었냐고 물었다. 혹시 아무한테나 주고 다닌 건 아니냐고 다그쳤더니, 당시에 명함을 줬던 쑥스러움이 올라왔는지 리처드의 얼굴이 발그레해졌다. 우리는 서로 민망한 웃음을 지으며 씰룩거렸다. 남편은 내가 자신을 도우려고 열심이었던 모습이 귀여워서 좋았다고 했다. 내가 귀엽다고? 리처드는 내가 어린아이같이 귀여웠나 보다. 이 답을 듣는데, 내 몸이 간질간질하는 건 왜일까? 하하.

　첫 데이트 때, 리처드는 백합 꽃다발을 사 들고 나를 데리러 왔다. 나는 그날, 리처드의 얼굴 생김새가 궁금해서 그의 얼굴을 더 자세히 보았다. 어린아이가 새로운 사람을 만났을 때 뚫어져라 쳐다보듯이 나도 리처드의 얼굴을 세심히 살펴봤다. 그가 좋은 사람인 게 느껴졌다. 그는 이전 가게에서 보았던 것보다 더 친절하고 다정다감했다.

　리처드와의 두 번째 데이트엔 영화를 보러 갔다. 내가 미국에 와서 처음 영화관에 간 것은 오빠와 함께였다. 미국에

온 지 2주 정도 되었을 때 오빠는 나를 데리고 영화관에 갔다. 그때는 '아니, 웬 영화관? 언어의 벽을 실감케 해주려고 일부러 그런 건가?'라고 속으로 생각했다. 그날 난 영화가 시작되고 15분 만에 바로 곯아떨어졌다. 지금 생각해 보면, 오빠도 미국 생활 2년 차여서, 전반적으로 모르는 게 더 많았던 것이다. 일에 치여서 시카고의 명소는 누가 일부러 데려가지 않으면, 갈 엄두도 못 낸다. 동생이 왔으니 시카고 구경을 시켜주라는 친구들의 말에 기껏 시간 내서 간 곳이 집 근처에 있던 영화관이었다.

내가 이곳에 살아보니 오빠의 입장이 이해됐다. 나도 리처드가 아니었다면, 시카고 박물관, 쉐드 아쿠아리움, 링컨 파크 동물원 같은 곳엔 아마도 한국에서 손님이 오지 않는 이상 가지 못했을 것이다. 평일엔 직장 다니랴, 주말엔 교회나 성당 가랴, 밀린 집안일까지 챙겨야 하니 이곳에 사는 사람들의 바쁜 일상도 한국과 별반 차이가 없다.

리처드와의 두 번째 데이트 날, 우리가 무슨 영화를 봤는지는 둘 다 기억하지 못한다. 그날, 버터가 잔뜩 버무려진 팝콘 때문인지, 아니면 긴장감 때문인지, 몇 개 집어 먹지 않은 팝콘이 뱃속에서 부글거려 속이 불편했다. 그 후, 우리는 몇 번의 데이트와 전화 통화를 하며 만남을 이어갔다.

외로움과
두려움을

당시 나는 이곳에 아는 사람이 많지 않았고, 그때 학교에서 만난 동생, 민영에게 고민을 털어놨다. 민영은 컬리지에서 간호학을 공부하는 학생이었다. 아마 친척의 영향을 받아 선택한 듯했다. 민영의 친척은 민영을 딸로 입양하여 함께 살고 있었다. 그녀의 친척은 간호사였고, 그 집은 내가 지냈던 오빠의 아파트나, 잠시 거주했던 오빠의 지인 아파트와는 비교할 수 없이 좋은 단독주택이었다. 민영의 방은 지금까지 살면서 한 번도 보지 못했던 커다란 크기였고, 방 안쪽으로는 혼자만 사용하는 욕실이 있었다. 건식 화장실에는 큰 월풀 욕조(기포가 나오는 욕조)가 설치되어 있었고, 그곳은 말 그대로 화장실에서 축구할 수 있을 만큼 넓었다. 바닥에 깔려 있던 핑크색 발 카펫은 부드럽고 포근했다.

저녁을 함께 먹으면서 친척분과도 이런저런 얘기를 나누었다. 내가 영어에 대한 어려움을 얘기하자, 친척분은 익숙해지면 잘할 수 있을 거라고 날 북돋아 주었다. 그날은 그 집에서 하룻밤을 묵었다.

아침에 일어나니 친척분은 일을 나가고, 민영은 학교에 가서 집에는 나 혼자뿐이었다. 나는 오후에 수업이 있어 느지막이 일어나서 조용한 집안을 찬찬히 둘러보았다. 밤에 봤던 것보다 훨씬 더 예쁘고 좋은 집이라서 '아~ 이런 게 진짜 미국의 집이구나'라고 감탄할 수밖에 없었다. 뒷마당으로 펼쳐진 골프장은 가지런히 잘 정리되어 있었고, 창문 밖에선 새들이 지저귀고 있었다. 이런 집에 살면 아무런 걱정이 없을 것 같았다. 집에 아무도 없으니 꼭 내 집 같았다.

샤워만 하고 집을 나서려는데, 월풀 욕조가 자꾸 몸 좀 담그고 가라고 속삭였다. 난 뿌리치지 못했다. 한국 목욕탕이 그리웠나 보다. 따뜻한 물에 푹 담그고 싶어서 염치 불고하고 월풀 욕조에 물을 받았다. 혹시 그사이 누구라도 올까 봐 마음 졸였지만, 한국의 목욕탕보다 더 좋은 그 순간을 즐겼다. 목욕을 마치고 나니, 한숨 더 자고 싶은 마음이 굴뚝 같았다. 하지만 나는 자리를 정리한 후 조용히 그 집을 나섰다.

내가 방을 구하고 있던 터라, 민영이 친척에게 방을 하나

렌트할 수 있는지 물어봐 준다고 했지만, 렌트비가 만만치 않을 것 같아서 그만두라고 했다. 모든 게 익숙지 않은 상황에서 내 나름대로 알아봤으나, 내가 가지고 있는 돈으로 방을 구하기는 힘들었다. 최후의 수단으로 차에서 생활해야 하나란 생각도 했었다. 그러면 '주차는 어디서 해야 하지? 차 안이 보이면 안 될 것 같은데? 샤워는? 식사는? 겨울이 오면 어떡하지?' 등의 온갖 생각이 꼬리에 꼬리를 물었다. 만약 일주일 내에 살 곳을 구하지 못하면 나의 종착역은 나의 미니밴이라고 생각하고, 차에서 어떻게 생활할 수 있을까를 고민하고 있었다. 그러다 생각난 사람은 리처드였다. 전화기가 없었던 나는 공중전화에 가서 리처드에게 전화했다.

"Hello, it's me."

"Oh, hi, how are you?"

"Okay, how are you?"

"I'm working. What are you doing? Are you okay?"

"Um… help me."

"What is going on? Where are you? I will come over."

리처드는 내가 알아들을 수 있는 쉬운 영어들로 천천히

또박또박 얘기해줬다. 나는 잘 안되는 영어로 인사를 하고 겨우 알고 있는 문장 "헬프 미"라고 했다. 그때 리처드는 일을 하고 있었다. 나에게 어디냐고 물었으나 난 정확한 주소를 몰라서, 내가 아는 가장 큰 도로의 교차로를 알려주었다. 리처드는 두말도 없이 나에게로 오겠다고 했다. 난 일을 방해하고 싶지 않아 서툰 영어로 일 끝나고 만나자고 했지만, 그는 내게 달려왔다. 우리는 커피숍에 마주 앉았다. 사정 얘기를 하니, 리처드는 자기 집에 방이 두 개 있으니 집 구할 때까지 자기 집에서 생활하라고 했다. 나에겐 짐이랄 것도 없이, 여행 가방과 학교 수업교재가 전부였다. 리처드는 곧바로 일을 하러 가야 했기에, 나를 자기 집으로 데려가 문만 열어주고, 일터로 되돌아갔다. 그렇게 난 리처드의 집에 혼자 남겨졌다.

※

리처드의 집은 한 건물에 네 가구가 있는 구조로, 유닛unit 마다 차고 1개와 차 1대를 더 주차할 공간이 있는 타운하우스였다. 세 가구는 이층집이고, 그의 집은 단층집이었다. 각자의 현관문이 있어 다른 사람에게 방해가 되지 않게 출입

할 수 있었다. 다른 세 집은 차고가 집과 연결되어 있지만, 그의 집은 밖으로 나가서 차고로 가는 구조로 되어 있었다.

그의 집에는 방이 두 개, 욕실이 하나, 그리고 거실과 부엌이 있었다. 부엌에는 냉장고, 오븐, 전자레인지 그리고 싱크대에 붙박이로 딸린 고장 난 식기세척기가 있었다. 갈색조의 상부 장과 하부 장의 싱크대 옆으로는 세탁기와 세탁건조기가 놓여 있었고, 옆으로 들어가는 문이 연결된 곳엔 건식 화장실이 있었다. 그곳에는 하늘색 욕조와 타일 그리고 세면대와 변기가 있었다. 화장실엔 문이 두 개가 있는데, 하나는 복도로 연결되어 있었다. 안방에는 침대 프레임 없이 매트리스가 바닥에 놓여 있었고, 매트리스 맞은편에 작은 옷방이 붙어있었다. 이곳이 리처드가 사용하는 방이라는 걸 알 수 있었다. 화장실 건너편에는 작은방이 있었다. 작은방에는 옷을 걸 수 있는 옷장과 테이블 위의 컴퓨터와 등받이 없는 의자가 자리했다. 또 방 한편에는 벤치프레스와 무게별로 파운드가 적힌 원판이 놓여 있었다. 이방은 내가 쓰게 될 방이라는 걸 짐작할 수 있었다.

거실 벽에는 제일 먼저 눈에 띄는 태극기가 걸려 있었다. 'ㄷ'자로 놓인 베이지색 가죽 소파 중앙엔 유리 테이블이 놓여 있었고, 그 맞은 편에는 텔레비전과 오디오가 진열된 진열장이 있었다. 오디오 옆으로 퀸의 앨범들과 책, 그리고 퀸의 굿즈들이 자리하고 있었다. 거실 바닥은 카펫이 아니라 양말을 신고 있어도 한기가 올라오는 차디찬 모조 나무 바닥이었다.

✦

 당시 내가 리처드에게 방값으로 줄 수 있는 돈은 삼백 불이 조금 안 되는 액수였다. 그게 내가 가진 전 재산이라며 그에게 주겠다고 했지만, 그는 내 돈을 받지 않았다. 리처드가 맨 처음 미국에 왔을 때는 성인 남자 7명이 방 셋, 화장실 하나인 아파트 하나를 빌려서 사용했는데, 그때 생활이 몹시 불편해서 리처드의 목표는 빨리 돈을 모아서 그 아파트에서 나오는 것이었다고 한다. 이민 초기 나와 비슷한 어려움을 겪어봤기에 리처드는 누구보다 나의 입장을 잘 이해했다. 조금씩 이곳 생활에 익숙해지고, 방을 구할 기회가 있었지만, 나는 이 집을 떠나지 않았다. 그리고 머지않아 우리는 한방을 쓰게 됐다.

그날 이후,

어학원에서 만난 불가리아인 커플은 부부가 아니라고 하는데 아이가 있고, 그들은 아무렇지 않게 서로를 남친과 여친으로 소개했다. 난 내가 꽤 개방적이라고 생각했으나 아니었나 보다. 애가 있지만 서류상으로 결혼하지 않아서 남편과 아내가 아닌 남친, 여친으로 불린다는 것이 생소했다.

    커뮤니티 컬리지에서 같이 수업 들었던 세탁소 사장님은 나보고 선을 보라고 했다. 아는 한인 목사님 아들인데, 세탁소를 물려받을 거라 집안도 괜찮다고 하면서 저녁을 같이 먹자고 했다. 나는 남친이 있다는 말을 차마 할 수가 없었다. 꼬치꼬치 캐물을 것이고, 거짓말은 하기 싫고, 그래서 그냥 자리를 함께하기로 했다. '저녁만 먹고 오는 건데 뭐~'. 약속한 장소는 다이너diner 식당이었다. 미국의 조식 식당은 주로 오전 7시에 시작해서 오후 3시에 닫는다. 브런치 식당은 오전 11시부터 오후 3시까지 하는데 음식의 양도 조금 더 많고 칵테일과 디저트를 주문할 수도 있다. 디너$_{dinner}$ 식당은 주로 오후 4시부터 밤 10시까지 하는데 좀 더 늦게까지 여는 곳도 있다. 다이너 식당은 아침 식사부터 저녁 식사까지 모든 메뉴를 판매하는 곳이다. 가격이 저렴하면서도 양도 많은 캐주얼한 식당으로 지역에 따라 24시간 운영하는 곳도 있다. 식당 안의 테이블이나 의자들도 레트로 영화에나 나올 법한 분위기의 식당이다.

세탁소 사장님과 그의 어머님이 함께한 자리였다. 그들은 벌써 와서 나를 기다리고 있었다. 그들의 모습은 제법 미국인 같다는 생각이 들었고, 아들의 한국말은 어수룩했다. 덩치도 왜소하고 단발에 가까운 앞머리는 올백으로 넘겼으나 힘없이 양 갈래로 떨어지고 있었다. 저녁 식사를 마치고, 다행히도 내가 맘에 안 들었던 모양이다. 세탁소 사장님도 그때의 미팅에 대해선 말을 꺼내지 않으셨다.

어쩌다 아는 한국 사람을 만나면, 그들은 웃으면서 "누구야?"라고 리처드에 관해 물어봤다. 난 딱히 알맞은 호칭을 찾지 못했다. 남친이라고 말하는 것이 부담스러웠다. 그래서 그냥 "아…, 예. 호호"하고 멋쩍은 웃음을 지으며 상황을 얼

버무렸다. 내가 리처드를 남자 친구라고 소개했던 몇몇 사람들은 더 많은 질문을 쏟아냈기 때문이다. 어느 나라 사람인지, 시민권은 있는지, 나이는 몇 살인지, 어떻게 만났는지, 어디 사는지, 결혼은 언제 할 건지 등 끝없는 걱정과 호기심에 질문 공세를 퍼부었다. 인사차, 걱정돼서 하는 말들이려니 하면 됐지만, 그때 난 그 정도로 성숙하지 않았다. 그들의 끝없는 질문 후 내게 남는 건 왠지 모를 죄책감과 상처였다. 그래서 되도록 지인들과 마주치지 않으려 노력했다.

리처드는 본인의 확실치 않은 미래 때문에 그냥 그 상황에 만족했던 것인지, 자신이 없었던 건지, 날 붙잡는 게 미안했던 것인지 우리의 앞날에 대한 구체적인 말이 없었다. 우리는 알 수 없는 미래를 외면한 채 그저 각자의 시간을 기다리고 있는 것처럼 보였다. 그 때문이었는지 우리는 확실치 않은 미래와 사람들의 시선을 신경 쓰지 않아도 되는 호수를 자주 찾았다. 따스하게 내리쬐는 햇살을 맞으며, 잔잔한 호수에서 낚시하는 시간을 즐기게 되었다. 그 시간은 짧지만, 평온했다. 리처드가 일하는 시간은 내가 학교에 가는 시간보다 빨리 찾아와서 늘 부랴부랴 일터로 가야 했다. 나는 뺨을 간지럽히는 바람과 반짝반짝 빛나는 햇살이 호수 위로 떨어지는 눈부신 광경을 조금이라도 더 음미하고 싶었지만, 시간에 쫓겨 서둘러 각자의 본업으로 향해야 했다.

엄마는 암에 걸렸을 때 우리에게 알리지 않았다. 오빠와 나는 치료가 거의 되어갈 때쯤에야 엄마의 암 소식을 듣게 되었다. 엄마는 타국에서 고생하는 우리가 본인 걱정까지 할까 봐 알리지 말라고 했다. 그런 엄마를 보고 자라서 그랬을까? 난 부모님께 이곳에서 외국 남자와 함께 살고 있다고 말할 수가 없었다. 차마 입이 안 떨어졌다. 어떻게 설명해야 하나? 리처드가 나와의 미래를 고민하고 있는지 확실히 알 수 없었다. 물어보아도 답이 없었고, 그의 사정을 잘 알고 있었기에 그를 더 이상 다그치고 싶지도 않았다. 신분 문제가 해결되지 않아 답답해하는 그에게 더 부담을 주고 싶지 않았기 때문이다. 한편으론, 이렇게 지내다가 끝나버릴 인연일지도 모른다는 생각이 들었다. 난 끝내 부모님께 내 입으로 말하지 못했다.

"언니! 나 휴가받았는데 언니한테 가도 돼?"

"당연하지~."(속으로는 '동생에게 어떻게 나의 상황을 설명해야 하나?'란 생각이 들었다. 그래도 부모님께 설명하는 것보다는 수월할 것 같았다.)

"언제 오는데? 얼마나 있을 거야?"

오랜만에 동생을 보니 난 너무 좋았다. 리처드의 존재를 알리는 것은 아무것도 아니었다. 그냥 동생과 함께 얘기하고, 토닥토닥할 수 있다는 것만으로도 좋았다. 그리고 동생이 돌아가야 할 시간이 다가왔다. 동생이 떠나기 전날, 난 다시는 못 볼 것처럼, 감정이 북받쳐 꺽꺽 소리 내 울면서 동생을 붙잡았다. 마치 엄마가 오빠를 미국에 보낼 때의 그 마음처럼, 함께 더 시간을 보내고 싶었다.

처음으로 내가 목 놓아 우는 모습을 본, 마음 약한 동생은 비행기표를 연기했다. 어릴 적 아기가 아기를 업었다고 동네 할머니들이 웃던, 내 등에 업혀 자란 그 어린 동생이 이제는 커서 내가 의지할 수 있는 등 넓은 어른이 되었다는 게 고마웠다. 서로 고집부리고, 뭐라고 혼내고, 티격태격 싸울 때도 동생은 날 항상 의지하고, 좋아해 주고 따랐었는데, 이제는 내가 그 동생에게 기대고 있다. 한국으로 돌아간 동생은 나의 이곳 생활을 부모님께, 특히 엄마에게 세세하게 얘기해줬고, 내가 굳이 다른 설명을 안 해도 되게끔 나의 부담을 덜어주었다.

얼마 후에 오빠가 이곳에서 결혼식을 올렸다. 부모님은 생전 처음으로 미국 땅에 방문하게 되었다. 어느새 나이가 들어버린 딸 옆에 누구라도 있다는 것에 감사했는지, 부모님은 리처드를 반갑게 대해 주셨다. 또 아무 거리낌 없이 부모님을 편하게 대하는 리처드의 따뜻함을 보고 흐뭇해했다. 리처드와 부모님 모두 원래 가족이었던 것처럼 자연스럽게 서로를 받아들였다.

다섯.

산다는 건

언어,
기죽지 말자!

한번은 관공서에서 있었던 일이다. 나와 오빠는 차례를 기다리는 중이었다. 그때 한 직원이 내 이름을 불렀는데, 힘겹게 발음하며 나에게 미안하다고 했다. 내 이름은 외국인이 발음하기엔 그리 쉽지 않다는 걸 알고 있기에 나는 별로 신경 쓰지 않았다. 그 직원이 사과하자, 오빠가 웃으며 괜찮다고, "어차피 영어도 아니지 않냐?"라고 말해 모두 다 같이 한바탕 웃었던 적이 있다.

 이곳에 사는 2~3세대 이민자 중에는 부모가 지어준 어려운 이름을 간단하게 바꾸는 경우를 자주 볼 수 있다. 혹은 긴 이름을 상대가 편하게 부를 수 있도록 짧게 부르라고 알려준다. 예를 들어, 남자 이름이 샘슨Samson, 여자의 이름이 사만다Samantha인 경우 줄여서 "샘"이라고 말해주기도 한다.

제임스라는 친구는 인도계 미국인이다. 제임스는 우리 가게에서만 피자를 시켜 먹는다고 한다. 여행 중 어쩔 수 없이 먹었던 피자에 실망해서 그 휴가지에도 피자 가맹점을 개점하라는 친구다. 리처드는 제임스(James)의 이름을 '예임스'라고 부르기도 하는데, 제임스는 전혀 개의치 않는다. 그에겐 강한 인도인 영어 엑센트가 있고, 나에겐 강한 한국인 영어 엑센트가 있어서 우리끼리 서로 잘 못 알아듣고, 그 상황이 재밌어서 서로 박장대소하기도 한다.

내가 어학원에 다닐 때 선생님은 말로 하는 언어가 30%이고, 나머지 70%는 신체 언어(바디랭귀지)라고 했다. 말이 통하지 않아도 손짓, 발짓으로 세계여행을 할 수 있는 것도 이런 이유에서일 것이다. 하지만 낯을 가리거나 쑥스러움이 많으면 이조차도 꺼려진다. 그래서인지 언어는 자신감이라고 많은 이가 말하는 듯하다. 한 예로, 길 가다가 중국인에게 영어로 길을 물어보면, 그들은 자신감 있게 중국어로 답한다고 한다. 당연히 못 알아듣고 다시 물으면, 그들은 더 크게 중국어로 답한다는 재밌는 얘기가 있다.

누군가가 내 이야기에 관심이 있다면 그들은 나의 이야기에 귀 기울일 것이다. 이민 초기에는 상대방이 내 말을 못 알아들어 얼굴이 붉어지고, 서로 소통이 되지 않아 답답해했던 적이 있다. 소심해졌던 내 성격 때문일 수도 있다. 하지만 시간이 지나면서 나만의 몇 가지 방법이 생겼다. 그것은 더 쉬운 말로 다시 설명하거나 손짓, 발짓으로 설명하는 것이다. 알아듣고자 하는 사람들은 내 말을 이해하기 위해 그들도 노력한다. 그래서 간혹 내 말을 알아듣지 못하는 사람들에 대해서는 내 말을 듣고 싶지 않은가 보다 생각하고 패스하기도 한다. 듣고 싶지 않은 사람은 아무리 얘기해도 못 알아듣는 법이다. 이는 영어, 한국어 아니 어떤 언어라도 마찬가지일 것이다. 그럴 때는 상대가 개인적으로 안 좋은 일이 있나 보다 하고 쿨하게 넘기면 된다. 그러니 기죽지 말자!

홈스쿨링

세상의 모든 공간은 각기 다른 향기를 품고 있다. 이 냄새들은 단순한 감각 이상의 의미를 지니며, 그 공간의 문화와 정체성을 고스란히 담고 있다. 시장의 정문을 지나면 먼저 코에 감도는 향기가 있다. 고기 식당에서는 숯불이 타는 냄새가, 김치찌개 집에서는 발효된 김치의 깊은 향이 가득하다. 이와 같이 인도 식품점에 들어서면 다양한 향신료가 섞인 카레의 복합적인 향이 감돌고, 히스패닉 식품점에서는 고수, 칠리, 마늘 같은 매콤한 향신료, 신선한 채소, 구수한 옥수수 토르티야tortilla의 냄새나 고기와 해산물이 조리되는 냄새가 함께 어우러진 독특하고 풍성한 향이 난다. 유로피안 식품점에서는 신선한 빵, 치즈, 허브, 그리고 올리브유의 고소한 향이 어우러진 다채로운 향이 난다.

미국의 대형 슈퍼마켓들 역시 각기 다른 냄새를 품고 있다. 월마트 스토어에 들어서면 써브웨이의 시큼한 소스와 절인 고기, 구운 빵 냄새가 코를 자극한다. 타겟Target은 미국의 대형 소매업체로, 월마트와 비슷한 디파트먼트 스토어이다. 다양한 제품을 저렴한 가격에 제공하는 곳으로 패션, 가전제품, 가정용품, 식료품 등 폭넓은 상품을 갖추고 있다. 타겟에서는 스타벅스의 커피 향과 섞인 공산품 냄새, 내가 처음 시카고 오헤어 공항에서 느꼈던 그 미국 냄새가 난다. 이렇듯 우리는 각자 익숙한 향에 의해 추억에 젖기도 한다.

이곳 한인 상점에 들어서면 강렬한 마늘 향과 함께 김치, 생선, 각종 반찬의 냄새가 섞여서 난다. 이러한 향기가 우리에겐 익숙하지만, 다른 나라의 사람들에게는 다소 당황스러울 수 있다. 각국의 식료품점에서 풍기는 향은 누군가에겐 고향의 향수를 주지만, 처음 접하는 이들에게는 낯설 수 있다. 특히 어린아이들은 그 강렬한 냄새에 더욱 민감할 수밖에 없다.

한인 상점에서 마주친 한 외국인, 학교에 있을 시간인 아들과 함께 장을 보러 왔다. 그 아들은 가게 문이 열리자, 보고 있던 책을 한 손으로 옮기더니 다른 한 손으로 빠르게 코를 막았다. 아마 한국 상점에서 풍기는 강한 냄새에 놀랐던 것 같다. 그의 어머니는 즉시 자녀에게 이러한 행동이 다른 문화에 대한 예의가 아니라며, 무례함을 설명했다. 그 장면은 서로 다른 문화에 대한 이해와 존중이 필요하다는 것을 일깨워 주는 장면이었다.

그녀는 아들을 홈스쿨링으로 교육한다고 했다. 그때 나는 홈스쿨링이란 게 있다는 것을 처음 알게 되었다. 이후 어학원에서 홈스쿨링에 관해 토론하게 되었는데, 문득 그 모자가 다시 떠올랐다. 토론의 주제는 홈스쿨링과 전통적인 학교 교육 사이의 장단점을 논의하는 것이었다. 그때 수업을 같이 듣던 학원생 중 한 명도 자기 자녀들을 홈스쿨링으로 교육하고 있다고 했다. 그래서 나는 그때 미국에서는 홈스쿨링이 많이 시행되고 있다는 것을 알았다.

미국에서는 홈스쿨링을 하는 학생들도 많고, 홈스쿨링이 학교 수업 못지않게 체계적으로 이루어지고 있다는 것을 알게 되었다. 코로나 이후에 홈스쿨링이 더 늘어났다고 하는데, 홈스쿨링에는 부모의 지대한 노력이 필요한 듯 보였다. 자칫 아이의 사회성 결여를 조장할 수도 있기 때문에, 이곳 홈스쿨링 프로그램에서는 많은 액티비티에 참여하도록 권장하고 있다고 한다.

대학교 드롭아웃과
유학

소영 언니는 아들과 딸을 데리고 부모님의 초청 이민 비자를 통해 미국으로 이주했다. 큰딸 수지는 당시 고등학교 1학년이었는데, 처음에는 학교 수업을 따라가기 어려워 과외 선생님에게 도움을 받으며 열심히 공부했다. 이곳에도 학원에 다니는 학생들이 꽤 있다. 학원에는 주로 인도, 유럽, 그리고 한인 학생들이 다닌다. 과외 선생님의 도움 덕분에 수지는 학교 수업을 잘 따라잡았고, 4년제 대학에 당당히 합격했다. 그러나 대학 생활은 고등학교와는 아주 달랐다. 미국 학생들도 적응하지 못하고 중도에 포기하는 경우가 많은 대학 수업을, 수지가 따라가는 건 훨씬 더 어렵고 버거웠던 듯했다. 결국 수지는 부모님과 상의하여 대학교를 중퇴했다. 다행히 수지는 하고 싶은 것이 있어 올바른 길을 갔지만, 그렇지 못한 친구들도 많다.

이곳 고등학교에서는 마약으로 만든 쿠키를 파는 학생들이 있어, 학교 내 음식에 주의해야 한다는 이야기도 들었다. 학생들끼리도 누가 마약을 하는지 이미 알고 있다고도 한다.

유학을 보내려는 부모들은 자녀가 이런 유혹에 흔들리지 않을 정신력을 가지도록 해야 할 것이다. 유학이라는 결정만으로 아이들이 모든 것을 능숙하게 해결하고 스스로 성장할 것이라는 기대는 현실과 다르다. 오히려 낯선 환경에서 아이들은 더 많은 어려움을 겪을 수 있다. 유학은 단순히 교육적인 선택일 뿐, 그 자체가 아이들의 성공을 보장하지도 않는다. 새로운 나라에서 언어와 문화의 차이를 극복하고, 학업과 생활에서 균형을 잡기 위해서는 부모의 끊임없는 관심과 지원이 필요하다. 아이들이 안정적으로 성장하고 자신의 잠재력을 발휘할 수 있도록, 부모는 더욱 세심하게 그들의 상태를 살피고 지원해야 한다. 따라서 유학은 부모와 자녀가 함께 준비하고 극복해야 할 과정인 것이다.

단순한 일

우리 가게 근처의 한 피자 가게에서 일하는 친구가 있다. 이 친구는 피자 가게에서 일하면서도, 우리 피자가 자기한테는 더 맛있다고 항상 우리 가게에서 피자를 주문해 간다. 그 친구는 나이가 20대 초·중반쯤으로 보이는 젊은 친구다. 그런데 대화하는 걸 보면 산전수전 다 겪은 중년의 말투 같다. 아마도 어린 나이부터 생계를 위해 사회생활을 시작했던 것이 아닌가 싶다.

또 내가 아는 다른 한 친구는 아주 어린 나이에 한인 상점 주방에서 일했다. 나이도 어린 친구가 하루 종일 주방에서 일하는 모습을 보았을 때 안쓰러웠다. 그 친구는 부모님과 함께 주방에서 일했으며, 학교에는 가지 않았던 것 같다. 어려서부터 한국인들과 함께 일하며 자연스럽게 한국어도 익혔고, 지금은 한식당에서 주방장으로 일하고 있다.

미국에는 다양한 배경을 가진 이민자들이 살고 있으며,

그들은 어린 나이부터 여러 산업 현장에서 힘든 노동을 감내하고 있다. 어디선가 읽었는데, "세상에서 가장 힘든 일은 아무도 알아주지 않는 단순한 일을 하는 것"이라고 한다. 왠지 그 말이 깊이 와닿는다. 허드렛일하는 이민자들이 바로 그런 존재이다. 그들이 하는 일은 미국 사회에 뚜렷하게 큰 자취를 남기는 건 아니지만, 이 사회에서는 아주 필수적이다.

이 단순한 일들은 누군가의 끊임없는 수고로 이루어지며, 그 가치는 자주 간과된다. 매일 똑같은 일을 반복하지만, 아무도 그들의 노력을 높이 평가하진 않는다. 그런데도 그들은 묵묵히 일하며 미국 사회를 지탱하는 중요한 역할을 하고 있다. 우리가 지금 하는 아주 소소한 일들도 마찬가지다. 이는 각자 나름의 의미가 있으며, 우리 사회의 근간을 이루는 대단한 가치가 숨어 있다. 월요일 점심 장사를 할 때, 피자와 피자워머를 나르면서 자괴감에 빠진 적이 있다. '내가 왜, 여기서, 이런 일을 하고 있을까?'라는 생각에 내 신세를 한탄하기도 했다. 하지만 돌이켜보면, 그때의 내가 있었기에 지금의 내가 있다고 생각한다. 이제는 그때의 노력과 경험들이 나를 성장하게 했음을 안다. 그 자괴감도 결국 나를 더 단단하게 만들어 준 중요한 과정이었다. 그러므로 지금 내가 하는 단순한 일에 자긍심을 갖자!

거리의 외침

우리 가게 근처의 사거리가 시끌벅적하던 날이었다. 음악이 흘러나오고, 누군가가 선창으로 마이크에 대고 구호를 외치면 나머지 사람들이 따라 하기를 반복했다. 약 50명쯤 되는 사람들이 자기 나라의 전통 의상을 입고, 자국의 대통령 선거 투표 조작과 정부의 폭력을 규탄하는 시위를 하고 있었다. 그것은 자국의 고통과 투쟁을 세상에 알리기 위한 절박한 외침이었을 것이다. 어떤 운전자들은 그들을 지지한다는 의미로 자동차 경적을 울려주기도 했다. 그들이 작은 시골 동네 사거리에서 자국의 고통을 알리는 모습을 보니. 우리의 선조들이 과거 독립을 위해 타국에서 고군분투했을 모습이 오버랩 되었다. 그 순간, 뭔가 뭉클해져서 눈물이 쏟아질 것만 같았다.

책과 영상으로만 접했던 독립의 역사, 낯선 땅에서 중노동을 하며 독립군을 지원했던 선조들의 모습이 저들과 비슷했을 것이란 생각이 들었다. 하와이의 사탕수수밭과 오렌지밭에서 힘겹게 번 돈으로 독립군을 아낌없이 지원했던 우리 선조들의 그러한 희생과 헌신이 없었다면, 오늘날 세계가 열광하는 K-컬처는 존재하지 못했을 것이다. 우리 조상들의 노력과 희생이 있었기에 지금 우리가 있는 것이다.

자신들의 목소리가 세상에 닿기를 바라는 마음으로 시위에 나섰을 이들의 간절한 외침! 그들의 절절한 메시지 또한 언젠가는 세상에 더 널리 퍼지게 될 것이고, 그것은 그들의 나라를 더 나은 나라로 변화시키는 마중물이 될 것이다.

빈곤 문제

미국의 빈곤 문제는 심각하다. 미국 인구 조사국의 통계에 따르면, 수백만 명이 빈곤선 이하에서 생활하고 있다고 한다. 2022년 기준으로 약 3천만 명이 빈곤 상태에 있는 것으로 추정된다고 한다. 빈곤층은 경제적인 불안정뿐 아니라 건강 문제, 교육 기회 부족 등 다양한 차원에서 어려움을 겪고 있다. 세상 어디를 가든 경제적 어려움을 겪는 사람들은 있기 마련이다. 미국 하면 누구나 잘 살고, 나라의 보살핌도 잘 받으며, 가난한 사람이 없을 것으로 생각할지도 모르나, 미국에서도 동냥하는 사람들을 쉽게 볼 수 있다. 미국의 노숙자 문제는 복잡하고 다층적인 이슈임이 틀림없다. 그들의 대개는 마약과 술에 취해 길거리 생활을 하며 살아가는 사람들이다.

지난겨울이 시작될 무렵, 대형마트에 다녀오던 길이었다. 주차장 구석에서 박스 위에 쪼그린 채 누워있는 사람이 보였다. 진짜 겨울이 닥치면 저들은 어디로 갈까, 저렇게 있다가 정말 얼어 죽지는 않을까 하고 걱정했었다. 그리고 얼마 전 시카고에 갔을 때, 빈곤 문제를 더욱 실감할 수 있었다. 지하 주차장을 찾으러 굴다리 같은 곳을 지나가는데, 에어컨의 쿨링 팬이 있는 곳에서 따뜻한 바람이 돌고 있었다. 그 옆에는 흙먼지로 잔뜩 더럽혀진 이불이 깔려 있고, 술병과 소다 캔들이 널브러져 있었다. 그나마 이곳에서는 노숙자들이 동사를 피할 수 있겠다는 생각이 들었다.

한국에 있을 때, 전철역 출구에서 동냥하는 사람들을 본 기억이 난다. 그들은 다리에 고무 같은 것을 감싸고 바닥에 엎드려 있었다. 하지만 미국에서 동냥하는 사람들은 대부분 박스 쪼가리에 "집이 없다"라거나 "직장을 잃었다"라는 등의 문구가 적힌 판을 들고 교차로에서 정차한 차들 사이를 걸으며 도와달라고 한다. 어떤 사람은 교차로 길가에서 책을 읽기도 하고, 어떤 이는 반려견과 함께, 어떤 아주머니는 등에 아기를 업고 동냥하는 모습을 쉽게 찾아볼 수 있다. 겉모습만 보면 그들은 어디서든 일할 수 있을 것 같다. 그럼에도 불구하고, 그들은 왜인지 교차로에서 동냥하는 걸 택했다.

피자 배달을 마치고 돌아오는 길, 교차로에서 늘 보이던 청년은 오늘도 어김없이 그 자리에 있었다. 파라솔 아래에 느긋하게 누워 책을 읽고 있는 그의 모습은 여유로워 보였다. 옆에 놓인 투명 비닐봉지 속에는 이미 식사를 마친 흔적이 담긴 일회용 용기가 있었다. 그 교차로는 마치 그의 뒷마당처럼 느껴졌고, 그곳에서 그는 아무런 걱정이 없는 듯했다. 화창한 날씨와 선선하게 불어오는 바람, 굳이 어딘가로 떠날 필요 없이 그 자리에서 충분히 행복한 것처럼 보였다. '세상에 이런 여유로운 사람이 또 있을까?' 싶었다. 어쩌면 그들은 진짜로 그들의 삶을 즐기고 있는지도 모른다. 본인이 그렇게 행복하다면 저런 삶도 나름 괜찮을 수 있겠다는 생각이 들었다. 사람마다 행복의 기준은 다르니 말이다.

그럼에도 도움이 필요한 순간들이 있을 것이다. 한 예능 프로그램에서 보았던 튀르키예 이민자의 인터뷰가 떠오른다. 그는 호주에서 식당을 운영하면서, 매일 부랑자들에게 음식을 나눠주었다. 그는 "나도 언제든 가난해질 수 있다. 그래서 우리는 서로 도와야 한다"라고 말했다. 빈곤의 이유는 다양하다. 타인의 삶을 판단하기는 쉽지만, 그들에게 도움의 손을 내밀기는 쉽지 않다. 연민의 마음을 행동으로 잘 옮기지 못하는 나 자신을 다시금 돌아보게 된다.

행복의 조건

사람들의 60~70%가 정상 체중이 아니라고 한다. 10명 중 3~4명만이 정상 체중이라는 말이다. 나는 슈퍼마켓에 가는 것을 좋아하는데, 그곳에서 마주하는 사람들을 보면 정말 보통 체중이 아닌 사람이 더 많은 건 확실하다. 스스로 날씬하다고 생각하지 않지만, 그곳에서 나는 지극히 날씬하고 꽤 괜찮은 축에 든다는 착각이 들 정도다. 그래서 더 쪄도 상관이 없겠다는 생각까지 든다. 하하~.

하버드에서 72년간 연구한 결과에 따르면, 행복하고 건강한 삶은 부, 학벌, 명예와는 상관없이 결정된다고 한다. 특히 50세 이전에 어떤 삶을 살았는지가 노후의 건강에 큰 영향을 미친다는 연구 결과가 인상적이다. 그중 첫 번째로 중요한 요소는 고난에 잘 대처하는 자세이고, 그다음으로는

47세까지 형성된 인간관계, 교육의 정도, 결혼 생활의 질, 비흡연, 적당한 음주, 적절한 운동, 적정 체중 등이 있다. 이 중에서 5~6가지를 잘 유지한 사람들은 80대에 행복하고 건강한 삶을 살 가능성이 높다고 한다.

※

    리처드의 친구 아놀드는 사무직에 종사하고 있다. 아놀드 가족은 이민 로또에 당첨되어 미국으로 이민 온 케이스다. 그때 아들의 나이는 아마도 열 살쯤 되었던 것 같다. 나의 서툰 영어를 이해하려고 노력했던 열 살배기 아들은 학교에서 나와 같은 언어의 장벽을 느꼈던지 나와 대화할 때 나의 말을 정성껏 들어 주었다. 아놀드의 가족은 항상 잊지 않고 우리를 추수감사절과 크리스마스에 초대했었다. 아놀드가 이혼하기 전까진 말이다.
    아놀드 부부의 연은 부동산 투자 실패로 인해 이혼으로 끝났다. 부동산 투자 실패는 아놀드에게 이혼과 궤양성 대장염을 남겼다. 리처드는 아놀드가 조금이라도 운동을 했으면 하는 마음에 운동 관련 선물을 했지만, 아놀드는 별다른 흥미가 없어 보였다. 사무직이라는 직업 특성상 하루 종일 앉아서 일하고 몸 쓰는 일을 할 시간이 거의 없는 가운데, 술, 담배, 이혼의 스트레스로 대장에 문제가 생긴 것 같았다. 지금도 완치는 아니지만 계속 주의해야 한다고 했다. 다행히 지금은 새로운 여자친구도 생기고 나름 안정적인 생활을 유지하고 있다.

행복의 조건이 부는 아니라고 하지만, 사실 우리 사회에서 많은 갈등과 싸움의 시작은 결국 돈 문제에서 비롯된다. 적당한 돈이 있으면 우리가 살아가면서 겪게 되는 다양한 고난과 시련을 어느 정도는 대처할 힘이 생긴다. 아놀드처럼 부동산 투자에 실패하고 여러 어려움에 처한 사람들을 보면, 그들의 불행이 경제적 요인에서 얼마나 큰 영향을 받는지를 알 수 있다. 결국 행복을 느끼기 위해서는 어느 정도의 물질적 안정이 필요하다고 생각한다. 그리고 나머지 행복의 요소들은 그에 따라 도미노처럼 연쇄적으로 이어지는 것 같다. 안정된 생활이 없이는 인간관계나 개인의 성장, 심리적 안정도 불가능해지기 때문이다. 행복에는 분명히 조건이 있다. 아무것도 없이 행복할 수는 없는 법이다. 인생을 살아가면서, 이런 다양한 요소들을 염두에 두고 더 건강하고 균형 잡힌 삶을 위해 노력해야겠다.

주말여행

우리가 피자 가게를 운영하면서 주말에 문을 닫은 적은 딱 두 번뿐이다. 그중 한 번은 개인사, 그리고 하와이 여행이었다. 하와이는 내가 항상 가고 싶었던 로망의 장소였고, 리처드의 아이스하키 팀원 중 한 명이 마우이로 이사하면서 생긴 정말 좋은 기회였다. 친구의 초대를 받고 거절할 수 없었고, 솔직히 거절하고 싶지 않았다.

마우이는 하와이에 있는 섬 중 하나이다. 지상에 천국이 있다면 바로 그곳일 것 같았다. 친구가 데려간 스노클링 스팟은 아름답고 맑은 바다에서 수중의 세계를 만끽할 수 있었다. 바다에 나가 운 좋게 혹등고래 가족을 볼 수 있었는데, 혹등고래를 만난 경험은 정말 잊지 못할 감동을 선사해 주었다.

리처드는 그곳에서 대나무숲 하이킹을 처음 경험하고는, 그곳의 경치에 감탄을 금치 못했다. 대나무숲 가는 길은 렌터카 업체에서 보험처리가 안 된다고 경고했던 장소였는데, 실수로 그 길로 들어가게 되었다. 그곳은 낙석이 예상되는 위험한 지역이었다. 다행히 렌터카에 데미지는 없었다. 아슬아슬하게 식은땀을 흘리며 꼬불꼬불한 비포장 길을 달렸던 그 스릴 또한 여행의 특별한 기억으로 남았다. 그때는 정말 휴식이 필요했다. 우리는 리처드의 팀메이트 덕분에 충분히 재충전할 수 있었다. 지금까지의 여행 중에서 마우이는 잊지 못할 나만의 넘버원 장소가 되었다.

이런 기억 때문인지, 시카고에서 멀지 않은 마이애미 여행도 짬을 내어 몇 번 다녀왔다. 시카고에서 마이애미까지는 비행기로 2시간 반에서 3시간밖에 걸리지 않아 하와이에 비하면 경비와 시간 모두 아낄 수 있다. 따뜻한 날씨와 아름다운 해변은 언제나 마음을 설레게 한다. 마이애미 여행이 마우이에서의 아름다운 기억과는 비교되지 않지만, 마이애미 여행도 나름 즐거웠다. 우리에게 여행은 당을 충전하는 것과 비슷하다.

❋

한국에 있는 친구는 단지 내가 미국에서 산다는 이유로 내 모습이 여유로워 보인다고 한다. 하지만 속 모르는 소리다. 물론 이민 생활을 하는 사람마다 다 다르겠지만, 이민이란 게, 인생이란 게, 참 복잡다단하다. 가끔은 남들이 말하는 '여유'를 나도 갖고 싶다. 아니, 어쩌면 이미 그 여유를 가지고 있지만, 내가 그걸 모르고 있을 수도 있다. 나만 모르는 여유가 이미 내 안에 존재할지도 모른다.

여섯.

함께이기에

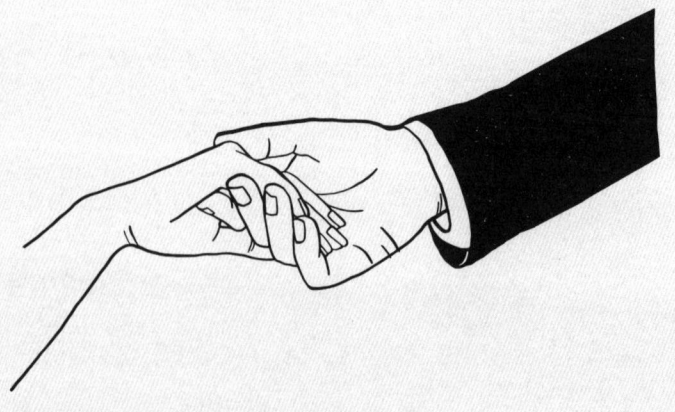

부고와 삶

이민자에게 고국에서 날아온 부고 소식은 더욱 안타깝다. 미용실 사장님은 밤새 울어서 눈이 부어 있었고, 잠도 제대로 못 잔 듯 피곤이 얼굴에 그대로 드러났다. 빨갛게 충혈된 눈으로 나를 보며 힘겹게 말했다. "오늘 한국에 가야 해." 짧은 말 속에 슬픔이 가득 담겨 있었다. 아버님이 돌아가셨다는 연락을 받았다고 했다. 미용실 사장님은 그나마 상황이 나은 편이다. 고국에서 온 부고 소식을 듣고도 비자 문제로 가지 못하는 이들도 많다.

바로 리처드의 상황이 그랬다. 그동안 남편은 지병이 있던 아버지의 부고와 그를 누구보다 사랑하던 조부모님의 부고에도 직접 가보지 못하고, 이곳에서 홀로 슬픈 마음을 달래야 했다. 남편이 집 옆 놀이터에서 소리치며 통곡할 때, 나는 그저 그의 곁에 있을 뿐, 아무것도 도와줄 수 없었다. 그 순간, 자신의 처지가 원통하고, 상황이 절망적으로 느껴졌을 것이다. 그럼에도 불구하고 포기할 수도 없는 처절한 현실은 통곡의 소리가 되었다.

❈

미국 이주에는 다양한 방법이 있으나, 일반적으로 많이 신청하는 영주권 비자 카테고리는 가족 초청 이민, 시민권자와의 결혼, 취업 이민 비자 등이 있다. 내가 어학원에서 공부할 당시, 주위의 많은 사람이 관광 비자로 입국하여 학생 비자를 취득한 후, 취업 이민 비자를 신청했다. 나는 어쩌다 보니 그렇게 된 케이스였지만 말이다. 취업 이민 진행 중 워크 퍼밋이 발급되면 일을 할 수 있지만, 영주권 신청 중에는 다른 비자를 보유하고 있어야 한다. 이는 영주권 승인이 거부될 경우를 대비하기 위함이다. 만약 영주권 승인이 거부되면, 현재 소지하고 있는 비자가 없어서 미국을 떠나야 할 수도 있다. 각자의 상황에 따라 여러 변수가 발생한다. 같은 상황에서도 어떤 사람은 영주권을 받지만, 어떤 사람은 승인 거부를 경험하기도 한다.

그리고 관광 비자에서 학생 비자로 변경했을 때는 한 가지 단점이 있었다. 지금도 그런지 모르겠지만 만일 한국에 가야 할 경우, 미국을 나가는 것은 가능하나 다시 재입국하는 데 제약이 따랐다. 이미 여기에서 삶의 터전을 마련해 놓았기에, 미국 밖으로 나가게 되면 그동안의 모든 노력이 한순간에 사라질 수 있다. 그래서 나는 영주권을 받을 때까지 오랫동안 한국에 가지 못했다. 합법적인 신분을 얻기 위해 기다리는 시간은 마치 뿌리가 뽑혀 서서히 말라가는 식물처럼 우리의 인생을 소진한다.

매니저 아저씨

매니저 아저씨는 아이 셋을 데리고 나보다 1~2년 일찍 이민을 오신 분이다. 아저씨는 가족 초청으로 미국에 오셨기 때문에 비자 문제에 관한 걱정은 하지 않아도 되었다.

"아저씨! 잘 지내시죠?"
"어떻게 지내냐? 잊을 만하면 나타난다."
"헤헤, 사모님도 잘 계시죠? 애들은요?"
"우리 딸, 결혼했다 아이가."
"언제요? 벌써요? 와~ 시간이 정말…."
"그래, 인마~ 내 보여주까?"

경상도 사투리로 정겹게 인사하며 아저씨는 주머니에서

핸드폰을 꺼내 들고 조그마한 액정을 들여다보신다. 액정이 잘 안 보이는지 미간을 찡그리며 손을 멀리하다가, 본인 안경을 깜빡하셨던지 머리 위에 걸쳐 놓았던 안경을 내려쓰고 흐뭇한 얼굴로 딸내미 결혼식 때 찍은 사진을 보여주신다.

※

　리처드와 나는 부모님을 모시고 정식으로 결혼식을 올리지 않았다. 아니 못했다. 남편은 결혼식에 대해선 크게 생각하지 않는 것 같고, 나도 솔직히 잘 모르겠다. 예전에는 신분 문제가 이유였고, 지금은 귀찮기도 하고, 굳이 결혼식을 올려야 하나라는 생각이 든다. 매니저 아저씨가 뿌듯하게 딸 결혼식 사진을 보여주시는 것을 보면서, 울 아버지도 저러시려나 하는 생각이 들었다. 우리 부모님도 나처럼 결혼식에 대해 신경 쓰지 않으셨으면 하고 바랄 뿐이다.

　매니저 아저씨는 미용 서플라이 가게에서 매니저라는 타이틀을 가지고 계셨지만, 실제로는 직급만 매니저일 뿐, 하는 일은 매장 청소부터 진열, 물건 확인, 그리고 함께 일하는 다른 직원들이 일을 잘하고 있는지 지시하고 감독하는 것이었다. 매장에 필요한 모든 허드렛일을 아침부터 저녁까지 하루 12시간씩, 주 6일을 꼬박 일하신다.

몇 년 전 동네에서 아내분을 우연히 마주쳤을 때, 자녀들이 명문대에 갔다는 소식을 전해주셨다. 이곳에서 태어나고 자란 애들도 대학 적응이 힘들다던데, 잘 다니고 있다는 소식에 진심으로 기뻤다. 딸 자랑에 흐뭇해하시는 아저씨께 다른 자녀들 소식도 물었다. "말도 마라. 공부를 더 한다고 하는데…." 자세히는 모르겠지만, 요점은 아저씨가 계속 자녀들 뒷바라지를 더 해야 한다는 것이었다.

"내도 곧 있으면 육십이 데이. 은제까지 지들 뒷바라지를 해야 되노?" 아저씨의 그 말에는 많은 의미가 담긴 듯했다. 자녀들이 공부 잘해서 뒷바라지하는 게 좋으면서도 힘에 부치시니 하는 말씀일 것이다. 아저씨의 얼굴엔 그새 20년의 세월을 말해주듯 늘어난 주름살과 흰머리가 가득하다. 하루빨리 아저씨에게도 여유가 있는 노후가 찾아오길 바라본다.

현정 언니

교환 방문 비자$_J$ ⋯▶ 투자 비자$_{E-2}$ ⋯▶ 취업 이민 비자$_{EB-3}$, 이는 현정 언니가 아이들 공부를 위해 기러기 생활을 시작하면서 가지고 있었던 비자들이다. 언니가 맨 처음 가지고 있었던 J-비자는 교환 방문 비자로, 다양한 프로그램이 있고, 그에 따라 체류 기간도 달라진다. 교환 방문 비자 만료가 다가오면서 아직 어린 자녀들의 학업을 위해 비자를 바꿔야 했다. 처음부터 학생 비자를 신청했다면 좀 순탄했을 텐데, 정보 부족으로 인해 발생하는 실수들이다. 아마 세심하게 살펴보지 않고 얕은 정보만 믿고 선택했을 가능성이 크다.

언니는 한국으로 돌아가지 않고 미국에서 바꿀 수 있는 다른 비자를 찾고자 했다. 미국 내에서 교환 방문 비자를 가지고 있던 언니가 바꿀 수 있는 비자는 투자 비자뿐이라 선택의 여지가 없었다. 투자 비자를 선택해 사업을 시작했는데, 형제끼리도 하지 말라는 동업으로 시작했다. 가게 운영에도 골치 아픈 일이 많았을뿐더러 2년마다 갱신해야 하는 투자 비자를 유지하는 일도 쉬운 일은 아니었다. 더욱이 투자 비자는 영주권을 신청할 수 없는 비이민 비자이다. 언니는 아이들 학업 문제로 영주권을 취득하길 원했고, 고민 끝에 취업 이민 비자 진행을 결정했으나, 여기에도 엄청난 리스크가 뒤따랐다. 언니는 투자 비자를 보유한 상태에서, 취업 이민 비자를 신청해 1, 2단계를 승인받은 후, 3단계에서 영주권 신청 전에 투자 비자를 취소해야 했다. 투자 비자는 비이민 비자라서 영주권 신청을 할 수 없기 때문이다. 만약 영주권 승인이 거부되면 언니는 한국에 다시 돌아가야 하거나, 오버스테이미등록 체류자 신분이 되는 것이었다.

왜 불길한 예감은 항상 맞는 걸까? 언니의 영주권은 승인이 거부됐다. 재심의를 거치는 중에 회사를 옮겨야 하는 안타까운 일도 생겼다. 그러나 불행 중 다행으로 비슷한 회사에 다시 취업해 이민 비자를 계속 진행할 수 있었다. 버티면 시간은 흐른다. 결국 언니는 영주권을 취득했다. 하지만, 그 과정에서 언니가 들인 엄청난 돈과 시간, 정신적 스트레스는 이루 말할 수 없다.

지금은 많이 변했지만, 내가 처음 봤던 언니는 세련되고 늘 밝은 에너지가 넘쳤다. 맘 여린 언니가 이 모든 고난을 이겨낼 수 있었던 건 자녀들과 힘든 시간을 지나오면서도 잃지 않은 언니의 밝은 성격 덕분이다. 언니는 힘든 와중에도 시답잖은 농담을 하고는 "내가 아직도 어리다~야, 주책맞았지?" 하고는 깔깔깔 웃는다. 난 언니의 천진난만함과 한결같은 쾌활함이 좋다. 언니는 요즘도 영어를 익히기 위해 도서관에 있는 무료 영어 클래스를 들으면서, "야~ 금방 외웠는데 뒤돌아서면 잊어버린다야~, 넌 영어도 잘하고 좋겠다야~"라고 말한다. 언니 눈에는 내가 영어를 잘하는 것처럼 보이나 보다. "언니나 나나 똑같아요. 언니도 잘하면서 괜히 엄살이셔~." 우리는 부족한 서로를 북돋아 주고, 위로해 준다. 이곳에서의 생활과 자식 교육을 위해 희생한 언니는 한국에서 가지고 있었던 아파트를 영주권과 맞바꿨다. 많은 걸 잃었어도, 언니의 긍정적인 마인드만은 여전하다. 현재는 본인의 미래를 위해 투자하며 살아가고 있다.

    이민을 생각한다면, 이른 나이에 하는 게 수월할 것이고, 전문적인 기술이 있다면 더욱 반길 것이다. 그리고 신분 변경 비자를 신청할 땐 꼭 본인이 자세히 알아보고 결정하길 바란다. 비자의 종류가 다양한 만큼 본인이 가지고 있는 모든 스펙을 동원해 거기에 맞는 비자로 최선의 선택을 했으면 한다.

벤자민의 암

우리는 둘 다 보험이 없다. 현재는 병원에 갈 일이 많지 않으니 그나마 다행이나, 만일의 경우를 생각하면 조금은 불안하다. 지금은 젊어서 그런다지만 언제까지 괜찮을지 걱정이다. 그래서 많은 직장인은 월급보다 베네핏benefit에 중점을 두고 회사를 선택하기도 한다. 미국에서는 안 아픈 게 돈 버는 거라는 말을 하곤 하는데, 우리는 보험이 없으니 웬만하면 털고 일어나거나, 스스로 반은 의사가 되어서 자가 치료하는 게 일상이다.

어학원에서 알게 된 벤자민은 나보다 일찍 취업 이민 신청을 했는데, 몇 해 전까지도 해결이 안 돼서 속앓이했다. 늘 지나가다가 들렀다고 말하지만, 삶이 팍팍해 허심탄회하게 얘기를 터놓을 사람이 없어서 찾아오는 것 같았다. 어학원에 함께 다녔던 학원생들은 서로의 입장을 잘 알고 있기 때문일 것이다. 이런 과정이 없었던 사람들은 동질감도 없고 이해를 잘하지 못한다. '아니, 왜? 그렇게까지 하면서 여기에서 신분을 바꾸려고 해? 그렇게 살 거면 그냥 자국으로 가면 되지'라고 말하는 사람들이 있다. 서로의 입장이 되어보지 않아서 나오는 말들이다. 살다 보면 말하는 것처럼 인생이 단순하지는 않은데 말이다.

벤자민은 일찌감치 취업 이민 신청을 시작했지만, 여러 이유로 많은 직장을 전전해야 했다. 시카고 남쪽에서 미용 서플라이 가게 매장 관리를 하다가, 다른 세일즈도 하고, 조그만 샌드위치 가게도 운영해 봤다. 매일 받는 스트레스는 술과 담배로 풀었고, 그런 고된 생활 속에서 벤자민이 얻은 건 암이었다.

한동안 보이지 않던 벤자민이 가게에 들렀던 어느 날, 난 그를 알아보지 못했다. 그가 '다른 사람이 아닌가?'라고 착각할 정도였다. 그동안 안 보이던 벤자민은 피죽도 못 얻어먹은 사람처럼 너무 말라서 예전 모습은 찾아볼 수 없었다. 벤자민은 이곳에서 암 수술을 받았고, 다행히 병원에 기부된 후원금으로 병원비를 지원받아 무료로 치료를 받을 수 있었다. 이후에도 몸에 문제가 생길 때마다 집 근처 병원에서 무료로 치료받고 있다고 말했다. 불행 중 다행으로 벤자민의 가족은 저소득층으로 분류되어 무료 의료 혜택을 받았다.

벤자민의 수술 후엔 아내가 유러피안 소매상점에서 캐셔 일을 해서 번 돈으로 생활하고 있다고 한다. 아픈 그도 그지만, 그의 아내가 겪고 있을 노고도 함께 느껴졌다. 묵묵히 그 자리를 지켜내고 있는 벤자민의 아내가 안쓰러워, 가는 길에 그의 아내가 좋아하는 하와이안 피자와 그의 아이들이 좋아하는 시나몬 스틱을 들려 보냈다. 벤자민도 빨리 완쾌해서 이전처럼 그의 가정에 든든한 가장이 되길 바라본다.

어금니

오늘은 쉬는 날! 보통은 자전거를 타러 가지만, 오늘은 임플란트 치료 때문에 시카고 다운타운에 갔다. 남편은 복잡한 다운타운에서 내가 혼자 운전하는 것이 걱정돼서 항상 자기가 운전해 주겠다고 나선다. 9시 반 예약이라 8시 반 전에 집을 나서야 했다. 그러려면 적어도 8시에는 기상해야 한다. 아침잠을 좋아하는 사람이 일찍 서둘러야 하니 고맙기도 하고, 괜히 미안해지기도 했다. 가는 길에 사고가 있어서 길이 막히는 바람에 예약 시간을 조금 넘겨 도착했다.

   집 근처의 치과에 가도 되지만, 이곳에 가게 된 이유는 남편의 치과 치료 때문이었다. 남편의 치아는 어디에서 치료해도 제대로 낫지 않았다. 약한 치아와 잇몸을 가지고 태어난 것도 있고, 대개의 닥터가 눈 가리고 아웅식의 치료를 하다보니 얼마 가지 않아, 같은 문제가 생겨 돈은 돈대로 날리고 치료는 되지 않아서 본인도 답답해했다. 마지막으로 남편을 담당했던 닥터는 우리 가게 손님이다. 그 닥터가 우리 가게 근처에 치과를 오픈할 때 우리는 전단지를 피자 박스에 붙여주며 도움을 주기도 했다. 그렇게 도움을 주고받으며 지내던 차에 그 닥터는 리처드의 이야기를 듣고 UIC_{University of Illinois Chicago} 치과대학을 추천해 주었다.

치료 기간이 정말 오래 걸리긴 했지만, 그곳의 교수님들은 학생을 가르치는 입장이라 치료를 대충 하지 않을뿐더러, 단계마다 세심하게 치료하고 완벽하게 치료가 된 후에 다음 단계로 넘어가는 식이었다. 그래서 남편의 치아도 조금씩 좋아지고 튼튼해져서 이제는 정기적으로 클리닝만 한다. 그 모습을 지켜보며 나도 치아 치료할 일이 있으면 여기서 해야겠다는 믿음이 생겼다. 이전엔 나도 남편이 다니던 치과에 갔었는데, 안 좋은 기억뿐이었다.

미국에서 살면서 왼쪽 위 어금니에 문제가 생겨 처음으로 동네 치과에 갔었다. 신경 치료하고 크라운을 씌워야 하는 상태였다. 신경 치료 후 크라운을 씌우고, 몇 달 후 염증이 생겨서 갔더니 신경 치료가 제대로 안 돼서 다시 해야 한다고 했다. 덴탈 체어에 누워 3시간 넘게 끙끙대면서 치료를 받았는데, 결국 닥터가 자기는 할 수 없으니 다른 스페셜리스트 닥터를 추천해 준다는 것이었다.

 화가 잔뜩 났지만, 방법이 없었다. 통증 때문에 어쩔 수 없이 스페셜리스트 닥터 오피스에 예약하고 치료를 받으러 갔다. 오피스에 들어서자, 치과 접수 창구 대기실에는 스페셜리스트 닥터 증서가 잘 보이는 곳에 자리하고 있었다. 시카고에 몇 안 되는 스페셜리스트 닥터라고 소개하는 신문 기사 스크랩도 함께 진열해 놓은 게 눈에 띄었다.

 한참을 대기한 후에 만난 닥터는 키가 크고 덩치가 좋은 의사였다. 머리에는 불이 들어오는 돋보기 같은 게 달린 밴드를 착용하고, 테가 없는 안경까지 쓰고 있었다. 그는 내가 이전 치과에서 가져온 엑스레이는 사용할 수 없다고 했다. '왜 그런가?' 싶었다. 전문적인 이유는 알 수 없지만 그렇게 해야 한다고 하니, 그저 답답할 뿐이었다. 비효율적인 건지, 내가 모르는 것인지, 답을 알면 이해가 되겠지만, 왜 또 엑스레이를 찍어야 하는지 도무지 알 수 없었다. 그래서 왜 다시 찍어야 하는지 물어보면 그들에겐 오만 가지 이유가 있다.

닥터는 여기서 다시 엑스레이와 스캔을 한 다음, 수술을 통해 치아를 살릴 수 있으면 신경 치료를 다시 하고 크라운을 씌우겠지만, 그렇지 않으면 발치를 해야 한다고 했다. 닥터는 내게 수술할지 말지에 대한 의향을 물었다. 당시에는 도대체 무슨 소리인지 알 수 없었고, 나에게 들리는 것은 오직 "살릴 수 있을지도 모른다"라는 얘기뿐이었다.

시간이 지나고 생각해 보니, 닥터는 이미 내 치아를 살릴 수 없다는 것을 알고 있었던 듯하다. 닥터는 나에게 수술을 진행하면 수술 비용과 발치 비용이 모두 들고, 발치만 하면 발치 비용만 발생한다고 설명 후, 나의 의향을 물었다. 그의 제안은 일견 투명하게 보였지만, 수술의 전후 과정을 되짚어 보면 정말 허탈함이 크다. 처음에 들린 "살릴 수 있을지도"라는 의사의 말과 그동안 신경 치료에 들인 시간과 비용을 생각하다 보니, 수술을 선택하는 것이 맞다고 여겼다. 하지만 막상 수술이 진행되면서 느낀 건, 그저 잇몸을 열어 보고, 살펴본 뒤 발치가 필요하다고 해서, 이게 다인지 하는 의문이 들었다.

다시 잇몸을 닫고 발치했다. 그리곤 치료 절차가 끝났다. 수술이란 말이 무색하게 느껴졌다. 그럼, 처음부터 발치했으면 되었던 상황 아닌가 하는 생각이 머릿속을 맴돌았다. 그리고 수술비용이 천 불이라는 청구서를 받았다. 속에서는 천 불이 났다. 분명히 내가 선택한 수술이었으나 후회와 분노가 교차했다. 그렇다고 뾰족하게 항의할 수 있는 상황도 아니었다. 결국 수술에 대한 기대와 실제 결과의 괴리 속에서, 모든 과정이 다소 허무하게 느껴지면서, '이게 정말 수술이었던가?'라는 생각이 가시지 않았다. 서울 가서 눈 감으면 코 베어 간다더니 내가 그 꼴을 미국에서 당한 것 같았다. 그렇게 미국에서의 첫 치아 신경 치료는 치아 발치로 끝났다.

교수와 학생

그렇게 10년 넘게 치아 없이 지내다가 남편의 임플란트가 성공적으로 완료된 것을 보고, 나도 용기 내어 임플란트 치료를 결심했다. 너무 기대가 컸던 걸까? UIC에서 치료를 시작한 지 올해로 3년째지만, 아직도 치료는 마무리되지 않았다. 임플란트 수술은 아시아계 미국인 닥터가 주도하고, 크라운 마무리는 학생이 맡는 시스템이었다. 지난 4월에 모든 과정이 완료되어야 했지만, 학생의 작업은 지연되었다. 내 치료를 담당했던 학생은, 학생인 걸 감안해도 세밀함이 부족하여 실망이 컸다. 치료를 받을 때마다 남편에게 불평을 쏟아냈고, 마지막인 줄 알았던 크라운 장착도 내 예상과는 다르게 진행됐다.

학생은 크라운을 맞추기 위해 멀쩡한 치아까지 갈아가

며 계속 시도했고, 치료하면서 친구들과 졸업에 관한 잡담도 나누었다. 장장 3시간 반이나 걸렸지만, 결국 시간이 부족해 마무리하지도 못했다. 크라운은 여전히 너무 커서 맞지 않았고, 멀쩡한 어금니까지 갈아서 시린 느낌이 들었다. 학생은 다음 주 월요일에 다시 해야겠다고 하며 스케줄 시간은 문자로 주겠다고 해놓고는 연락이 없었다. 토요일과 일요일에 연락해도 되지 않더니 수요일에야 전화 와서 돈부터 내라고 한다. 마무리도 안 하고 돈부터 내라니 무슨 말도 안 되는 소리인가? 치료가 끝나면 계산하는 시스템인데, 하다가 말고 본인이 졸업하니까 돈부터 내라니 황당 그 자체! 치료받은 후에 내겠다고 실랑이한 끝에, 학교에서는 나를 담당할 다른 학생을 정해 주었고, 나는 새로운 학생과 다음 스케줄을 잡았다. 그렇게 이 학생과의 인연은 끝이 났다.

드디어 스케줄이 잡히고, 마지막 치료 날이 다가왔다. 이번 학생은 날씬하고 앳된 흑인 학생이었고, 모범생으로 보였다. 자신이 무엇을 해야 하는지 잘 알고 있었으며, 부족한 점이나 모르는 부분이 있을 때는 즉시 교수에게 질문하고 지도를 받았다.

학생과 교수는 크라운이 맞지 않았던 원인을 찾았고, 스캔 과정에서의 오류였다는 결론에 도달했다. 교수는 이전 학생의 실수를 직접적으로 언급하지 않았지만, 치아의 바이트 스캔이 제대로 이루어지지 않았던 이유는 이전 학생의 부족한 스캔 기술 때문임이 명확했다. 교수님이 스캔 방법을 학생에게 꼼꼼하게 직접 시연하며, 오늘 치료는 일단락되었다. 다음 예약 때 새로운 크라운이 잘 맞기를 바랄 뿐이다.

아침부터 다운타운에 다녀오니 하루가 거의 다 지나고 진이 빠졌다. 집에 돌아오니 3시 반을 넘어가고 있었다. 배고픔에 지친 나의 뱃가죽은 등에 붙어버릴 지경이었다. 된장국을 끓여 먹는데, 천둥이 치고, 비가 후두두둑 떨어졌다. 비 내리는 소리를 들으니, 여름이 오고 있음이 느껴졌다. 자전거를 타러 가려던 계획은 비 때문에 접어야 했지만, 한편으로는 핑곗거리를 만들어 준 비에 고마웠다.

임플란트 완성기

어제 급하게 문자 한 통이 왔다. 화요일 아침 9시 반에 시간 가능하냐는 문자다. 임플란트 크라운이 완성되었다고 한다. 치아를 스캔한 이후, 그동안 몇 차례 크라운 맞추는 작업을 하러 두어 번 더 UIC에 갔었다. 새로운 학생과 새 크라운을 갈고, 끼우고, 또 갈고 끼우고를 수십 번, 예쁘게 잘 맞춰 놓아 이제 마무리만 하면 끝인 줄 알았는데, 아니었다. 직원의 설명에 따르면, 크라운에 금이 간 걸 발견해서 크라운을 새로 맞추고 다시 내 치아에 맞게 갈고 끼우는 작업을 해야 한다는 것이었다. 지난달 두 차례에 걸쳐 맞춤 작업을 했던 것을 또다시 해야 한다니 씁쓸했다.

몇 번 치료해 본 학생은 재빠르게 치아머리$_{abutment,}$ 임플란트와 크라운을 연결해 주는 보철를 임플란트에 끼우는 작업을 시작했다.

쉽게 말하면 나사를 임플란트에 끼우는 작업이다. 따끔한 통증이 느껴졌다. 일반 나사 끼우는 작업을 해본 사람들은 이가 잘 맞아 들어가지 않았을 때 나사가 반듯하지 않고 약간 기울어진 상태를 본 적 있을 것이다. 내가 통증을 느낀 이유가 이 때문이었는데 이를 간과한 학생은 계속해서 크라운 깎는 작업을 진행했다. 크라운을 끼우려 했으나 들어가지 않자, 학생은 크라운 깎기를 반복했다. 한참을 깎아도 맞지 않는 크라운에 의심이 생겼던지 학생은 교수님에게 치아머리가 잘 들어갔는지 재차 확인했다. 교수는 엑스레이를 보고 크라운을 직접 끼워보기도 하더니 아귀가 맞지 않았던 치아머리를 다시 뺐다가 다시 조였다. 그랬더니 크라운이 쏙 들어갔다. 치아끼리의 콘택트가 있어야 하는데 크라운이 맞지 않는 거로 생각했던 학생이 이번에는 크라운을 너무 깎아 버린 것이다. 결국 다시 새로운 크라운을 기다려야 했다. 기다리는 건 예나 지금이나 여전히 쉽지 않다.

이번에는 제발 끝이길 바라며, 다시 치과에 가는 길은 답답한 내 마음을 대변해 주는 듯했다. 교통체증으로 우리는 간신히 제시간에 도착할 수 있었다. 경험이 쌓여서인지 담당 학생은 혼자서도 척척 잘 해냈다. 교수님의 지시에 따라서 일사천리로 진행이 이뤄졌다. 10년 넘게 없었던 치아가 생기니 씹는 것이 오히려 부자연스럽고 치아에 음식이 더 많이 끼는 느낌도 든다. 하루 종일 모든 신경은 새로 생긴 임플란트 치아에 집중되어 있다. 하지만 내일은 조금 덜 신경 쓰일 것이고, 조금 더 지나면 딱딱한 음식을 마구 씹어도 될 것이다. 임플란트는 내 것이 아니다. 내 치아보다도 더 신경 써야 한다고 한다. 희망 사항이지만, 죽을 때까지 고장 없이 쓸 수 있기를 바랄 뿐이다. 느슨한 임플란트 크라운을 조이러 한 번 더, 그리고 클리닝과 check-up을 위해 치과를 방문해야 한다. 치료는 끝이 없다. 지속적인 관리가 필요하다.

오디 픽업

평소 같았으면 아침에 공원으로 자전거를 타러 나갔겠지만, 오늘은 날씨가 조금 쌀쌀했다. 게다가 남편은 무릎이 안 좋아서 몇 주간 자전거 라이딩을 쉬기로 한 터라, 혼자 나가는 게 마음에 걸렸다. 그래서 대신 집에서 실내 자전거를 탔다. 어차피 아침에는 내가 한두 시간 일찍 일어나기 때문에 남편이 자는 동안 한 시간 정도 여유롭게 실내 자전거를 탔다. 한국 예능 프로그램을 보면서 신나게 자전거를 탔더니 시간이 언제 지나갔는지 모를 정도로 금방 갔다. 실내 자전거 타기의 지루함을 날려버릴 때는 역시 예능 프로그램이 최고다.

    가게 뒤쪽에는 가게마다 각자의 쓰레기 컨테이너가 자리 잡고 있다. 그중에서도 중식당의 쓰레기 컨테이너는 가장 구석 끝에 있는데, 그 옆에는 오디나무 두 그루가 있다. 그곳 땅이 비옥해서 그런 건지, 아니면 중식당의 쓰레기 컨테이너에서 음식물이 넘쳐 거름이 된 건지, 나무는 아주 잘 자라서 멀리서도 검붉은 오디 알맹이들이 눈에 띨 정도다. 봄이 되면 쓰레기 컨테이너 주변 바닥이 오디로 까맣게 물드는 모습이 인상적이다. 몇 년 전 봄이었다. 날씨가 따듯해 뒷문을 열어놓았는데, 뒷문으로 익숙한 소리가 들려왔다. 방충망을 살짝 젖히고 살펴보니, 한국인들이었다. 아주머니 두 명과 아저씨 한 명, 그리고 딸인 듯 보였다. 이들은 오디를 따기 위해 바닥에 캠핑 돗자리를 깔고, 아저씨는 나무를 흔들고, 두 아주머니는 오디가 바닥에 떨어지는 걸 주어서 돗자리에 올리고, 딸은 나무에서 하나하나 따서 바구니에 모으고 있었다.

    그 광경을 보고 있자니 집 근처 필드에 있는 오디나무가 생각났다. 우리 집 가까이에는 시티 파크 디스트릭트$_{\text{city park district}}$에서 관리하는 테니스 코트, 농구 코트, 야구 코트, 그리고 놀이터가 있고, 그 옆으로 넓은 잔디 필드가 있다. 우리가 젊었을 때는 그곳에서 테니스도 치고, 농구도 하고, 인라인스케이트도 탔다. 특히 테니스 코트에서는 마치 필드하키처럼 경기하곤 했던 추억이 있다. 남편은 아이스하키를 해서 인라인스케이트도 잘 탄다. 나는 잘 타지는 못해도 거의 악과 깡으로 경기만 하면 승부욕이 폭발했다. 남편은 그런 나를 보며 일부러 져주기도 하고 또 그게 못마땅해 토라지기도 했었는데, 그 또한 우리만의 좋은 추억이 되었다.

암튼 그때 필드 가장자리에 오디가 있었던 기억이 나서 남편에게 운동 삼아 가보자고 했다. 엄마와 영상 통화하면서 가게 뒤편의 오디를 보여줬더니 씨알이 굵고 좋은 게 맘에 들었던지 빨리 따라고 재촉하셨다. 그 후로 남편은 오디에 꽂혀서 금세 따라나섰다. 가게 뒤 오디와는 비교도 안 될 만큼 씨알이 작았다. 그래도 둘이 따니까 뚝딱 한 바가지 가득 찼다.

집에 와서 오디를 깨끗이 씻고 물기를 빼는 동안, 남편은 오디의 효능에 대해 검색하더니 거의 모든 정보를 읊어주다시피 했다. 남편은 4개 국어에 능통한 언어 능력자이다. 요즘은 한국말을 조금 알아듣기는 하니까 자신이 할 수 있는 언어를 4개 반으로 카운트해야 한다고 농담하기도 한다. 남편은 본인이 가진 지식을 나누고, 알려주는 걸 좋아한다. 그리고 내가 보기에 가르치는 데도 소질이 있고 즐거워한다. 나는 말수가 적은 편이지만, 나와는 비슷하면서도 사뭇 다른 성격으로 옆에서 유쾌하게 조잘조잘 말해주는 남편 덕분에 삶이 더 재밌기도 하다.

농사

해마다 하는 건 아니지만 집에 붙어있는 조그마한 텃밭에서 깨작깨작 농작물을 키우기도 한다. 그동안 키워본 농작물은 오이, 들깨, 토마토, 피망, 부추 등이 있다. 올해도 뭔가를 해봐야겠다는 생각이 들어서 고추씨와 상추씨를 샀는데, 그만 파종 시기를 지나쳐서 마켓에서 다시 모종으로 파는 청양고추 4그루와 아삭이 고추 4그루를 가져와서 텃밭에 심었다.

그런데 군데군데 풀과 함께 깻잎이 자라고 있는 게 아닌가. 깻잎은 번식력이 너무 강해 사실 재작년에는 씨가 흩날리기 전에 모두 뽑아 정리해 버렸다. 사람은 왜 그렇게 변덕스러운지, 있을 때는 귀찮아하다가 없으니 아쉬워하고 다시 찾게 된다. 작년에는 들깻잎이 없어서 아쉬웠다. 몇 번이나 모종으로 살까 말까 망설이다가 고추 모종만 사서 왔는데, 이게 웬일인가? 내 마음을 읽었나? 애들이 어디에 숨어 있다가 나온 건지, 안 보다가 보니 반갑고 기특해서 흙을 고르고 고랑을 파서 예쁘게 심어줬다. 잘 자라줘~.

남편은 물 주기! 제일 쉬운 일만 거든다. 다른 것을 시키면 내 성에 차지 않아서 내가 하는 게 맘 편하다. 나는 자랑스러운 농사꾼의 딸! 괜히 똥폼을 잡고 혼자 일 다하고는 힘들어서 씩씩댄다. 때로는 믿고 할 수 있는 기회를 줘야 하는데, 나도 참 문제다. 그러니 너만 힘든 거지!

남편은 깻잎을 무슨 맛으로 먹는지 모르겠다고 했다. 참기름은 좋아하는데, 깻잎의 향은 자기 취향이 아니었던 모양이었다. 그러더니 올봄에 심어놓은 깻잎이 힘겹게 자라줘서 그런지 물 주기에 열심이었다. 어떻게 알았는지 가을이 돼서 이파리가 노래지면 먹을 수 없다는 걸 알고는, 잔뜩 따와서 내가 늘 하듯이 물에 담근다. 들깻잎이 어떤 맛인지 모르겠다던 남편은 자신이 정성 들여 키워서인지, 이제는 맛을 알 것 같다고 하면서 잘 먹는다. 스스로 반은 한국인이란다. 흐흐.

식물들이 잘 자라면 기분이 좋아지고, 힘들었던 일이 보상받는 듯한 기분이 든다. 반면, 영양분 가득한 흙도 더 넣어주고 최선을 다했는데도 결과가 좋지 않으면 그만큼 속상해진다. 이럴 때 농사짓는 부모님 생각이 절로 난다. 부모님은 수도 없이 겪었을 일이다. 자연재해로 인해 농사가 망했을 때의 좌절감이 얼마나 컸을지, 그 모든 시련 속에서 가족을 부양해야 했던 그 수고와 노력, 희생은 이루 말할 수 없이 컸을 것이다.

언젠가, 우리 집 건너편 단독주택에 불이 났던 적이 있었다. 불에 활활 타고 있는 집을 바라보던 그 주인아저씨는 두 팔을 위아래로 올렸다 내렸다 하면서, "다 타버려라, 더 타라"라고 소리지르며 울분을 표현했다. 그 아저씨의 심정을 내가 백 퍼센트 이해할 수 없지만, 포기가 광기로 변한 순간이었을 것이다.

우리 부모님도 농사를 지으시면서 이런 순간이 한두 번이 아니었을 텐데, 그럼에도 항상 함께이기에 이겨내신 게 아닌가 싶다. 나는 삽질 십 분하고는 허리가 아프다고 투덜대는데, 부모님은 매일 그 힘든 일을 하셨으니, 부모님의 노고에 고개가 절로 숙여진다. 부모님을 편안하게 모시고 싶지만, 멀리 있다는 핑계로 그러지 못해 죄송한 마음뿐이다. 다행인 건 가까이에 사는 동생들이 부모님을 살뜰히 챙기니 동생들한테 고마운 마음이다. 아무쪼록 우리 가족 모두가 건강하고 부모님도 우리 곁에 오래오래 함께해 주시길 바랄 뿐이다.

냉장고

봄기운이 완연한 상쾌한 아침, 바람에 실려 오는 은은한 꽃향기 맡으며 집 근처 공원에 자전거를 타러 갔다. 자전거를 타고 공원 속 오솔길을 달릴 때면 어릴 적 내가 살던 시골길이 생각난다. 푸릇푸릇한 풀냄새와 지저귀는 새소리에 어디선가 들릴 것 같은 경운기 소리와 엄마가 앉혀놓은 밥 내음이 나지는 않을까, 코를 킁킁거려 본다. 그리운 내 고향!

보고 싶은 고향의 내음을 뒤로하고 자전거로 공원을 한 바퀴 돌고 나니 온몸이 땀으로 흠뻑 젖었다. 집에 와 상쾌하게 샤워를 마치고 가게로 가는 출근길! 오늘은 왠지 행복한 하루가 날 기다리고 있을 것 같았다. 그런데 웬걸, 출근해서 프랩 냉장고를 세팅하려고 워크인 쿨러의 문을 여는 순간, 불과 한 시간 전의 행복했던 마음과 봄날의 꽃향기는 온데간데없이 사라졌다. 나도 모르게 단전에서부터 깊은 한숨이 밀려 올라오는 건 평소와 다른 싸늘함이 느껴졌기 때문이다. 이미 흰옷을 갈아입은 피자 토핑 채소들을 보며 오늘 하루 엑스트라 작업을 해야 한다는 걸 직감했다.

낙심만 하고 있을 순 없다. 일단 프렙 냉장고로 옮길 걸 옮기고 나니, 꽁꽁 얼어버린 채소들이 눈에 들어왔다. 아마 다른 사람들은 버려야 한다고 생각할지도 모르겠지만 시골에서 자란 나는 식재료의 소중함을 알기에 그럴 수 없었다. 가끔 채소를 삶아서 냉동 보관해서 국을 끓여 먹기도 하고, 슈퍼마켓에서는 냉동 채소를 팔기도 하니 일부러 얼린 것으로 생각하면 된다. 다만 오늘은 그 일을 하고 싶지 않았을 뿐이다. 원래는 깨끗하게 씻어서 삶는데 오늘은 반대로, 삶은 후에 찬물에 여러 번 샤워하기! 한동안 종류별로 삶고 씻고 또 삶고 씻고를 반복하니 시간은 금세 간다. 시간이 안 간다고 생각하시는 분들, '냉장고 청소하세요~~'라고 말해 주고 싶다.

아래 칸에서 나와 눈이 마주친 병 하나, 그린 올리브가 들어 있는 유리병이 꽁꽁 얼어붙었다. 다행히도 하루 전날 오픈해서인지 깨지진 않았다. 전날 병 안의 압력 때문에 뚜껑을 열 때 애를 먹었는데, 소분을 해서 공간이 생겨서였는지 폭발 사고는 없었다.

계획에 없던 대청소였다. 시작은 떨떠름 한 상태에서 했지만, 중간에 마음 고쳐먹고 청소를 깔끔하게 마치니 그동안 밀렸던 숙제를 마친 기분도 들고 그 덕에 할 일을 해서 마음이 뿌듯했다. 큰일이 닥쳐도 생각하기 나름인 것 같다. 내가 어떤 생각과 자세를 갖느냐에 따라 하기 싫은 일도 즐겁게 할 수 있다. 냉장고 수리 기사는 바빠서 수요일에나 올 수 있다고 하고, 그마저도 장담할 수 없다고 하니 어떻게든 버텨야 한다.

출근길에 흥얼거렸던 이상은의 '언젠가는'이라는 노래가 계속 머리에 맴돌았다. 이제야 그 가사를 이해할 수 있는 나이가 된 건가? 노랫말이 유독 가슴에 와닿아 궁금한 마음에 찾아보니 이상은 씨는 스물셋에 이런 심오한 노래를 만들었단다. "젊은 날에는 젊음을 모르고…." 아직도 내 마음은 이십 대인데, 더 나이가 들어 지금의 나를 생각하며 '그때가 젊었었지' 또 되뇌게 되겠지. 나는 워크인 대청소를 하면서 다짐했다. 내가 육십이 되었을 때는 후회하지 않고 자랑스럽게 '나의 사십 대는 참 보람찬 날들이었어'라고 말할 수 있게 하겠다고. 고단한 하루 끝에는 잠이 잘 온다. 맥주 한 캔과 보드카 원샷으로 하루의 고됨을 달래야겠다. 내 인생 중, 지금, 이 순간이 제일 젊은 날이니 행복한 삶을 위해 치얼스~

우리의 마음

며칠 후, 워크인 수리 기사는 자신은 시카고에 다른 일이 있어서 자기 밑에서 일을 배우고 있는 보조 수리 기사가 11시쯤 가게에 갈 거라고 연락이 왔다. 냉장고의 문제점을 전화상으로 설명하니, 자신의 경험상 온도조절기에 문제가 있는 것 같다고 했다. 온도조절기 교체하는 건 보조 수리 기사가 충분히 할 수 있을 거로 생각했던 모양이다. 근데 교체하고 2시간이 지나도 냉장고의 온도는 계속 내려가 영하까지 떨어졌다. 보조 수리 기사가 선임 기사에게 전화 통화로 상황 보고하는 것을 들어보니 현재로선 그가 할 수 있는 건 다한 듯 보였다. 결국 선임 수리 기사와 함께 내일 다시 오겠다고 한다.

보조 기사가 가고 선임 수리 기사와 직접 통화를 했더니 아무래도 다른 곳에 문제가 생긴 것 같은데 본인이 예상하기로는 시간도 오래 걸리고, 비용도 만만치 않을 거라고 한다. 적어도 5시간이 걸리는 프로젝트인데, 혼자 할 수 없어서 도와주는 사람 한 명 추가한 비용이 팔백 불에서 천 불 정도라 하니, 거기에 고장 난 다른 파트 값까지 더하면 생각도 하기 싫은 가격이다. 수리 기사 말로는 본인이 주로 일하는 시카고나 다른 큰 가게에서는 시간당 삼백 불 받는다고 한다. 우리는 작은 가게라서 엄청나게 깎아준 가격이라고 강조했다. 기술을 배웠어야 하는 건데 라며 무릎을 쳐보지만, '그렇게 아무나 할 수 있는 일이면 누구나 했겠지'라고 위로해 본다. 어쨌건 우리가 지금 할 수 있는 건 큰돈 들여 워크인 냉장고를 고쳐야 한다는 것이다. 씁쓸한 현실!

그런데 냉장고가 우리의 마음을 알았는지, 자동차 엔진 오일을 갈고 왔더니 잘 작동한다. 얼지 않고 우리가 원하는 온도에서 멈춰 있다. 다행이다. 그래도 우리는 수리 기사가 와서 확인할 때까지는 안심할 수 없다. 퇴근할 때까지 잘 작동하고 있는 게 보인다. 야호! 땡큐, 땡큐~~ 제발 고장 나지 말고 우리와 영원히~

시카고
보타닉 가든

시카고 보타닉 가든은 어학원에서 필드 트립체험 학습으로 갔던 곳이다. 시카고 식물원은 멋진 생물 박물관이자 보존 과학 센터로 그 크기는 385에이커, 약 155헥타르에 해당하며, 이는 약 550개의 축구장에 해당한다. 이곳에는 26개의 정원과 4개의 자연 지역이 있고, 9개의 섬을 중심으로 6마일약 9.7킬로미터에 달하는 호숫가 풍경을 제공하고 있다. 처음 가 본 보타닉 가든은 정말 넓고, 꽃도 사람도 많았다. 웨딩 촬영을 하는 커플들, 전시회장을 찾는 사람들, 우리처럼 학교에서 필드 트립으로 온 학생들 등 다양한 무리가 이곳을 찾았다. 우린 북적이는 카페테리아에서 음식을 먹으며 즐거운 시간을 보냈다. 그때의 좋은 기억 덕에 그 후론 손님들이 오면 꼭 데려가는 장소 중 한 곳이 되었다.

남편의 동생과 우리 부모님이 시카고에 오셨을 때도 우

리는 보타닉 가든에 갔다. 시누이는 한여름에 방문해서 꽃이 만발할 때였다. 그때 나는 멋도 낭만도 없이 시누이의 사진을 찍기에만 바빴다. 사실 가게를 막 시작한 시점이라 '여유'라는 단어는 내 삶에 존재하지 않았다. 그럼에도 시카고까지 왔으니, 다운타운도 구경시켜 주겠다며 윌리스 타워에 데려갔다. 윌리스 타워는 1973년에 완공되어 25년 동안 세계에서 가장 높은 마천루였던 건물로, 그 높이는 442미터이고 총 110층으로 스카이 데크에 올라가면 시카고의 전경을 360도로 감상할 수 있다.

우리 부모님과 보타닉 가든에 갔을 때는 한겨울이었다. 농사를 지으시는 부모님이 시간을 낼 수 있는 건 겨울뿐이라서 실내식물원만 구경할 수 있었다. 오랜만에 뵌 부모님과 함께라서 그런지, 실내식물원만 둘러보는 것도 나름 좋았다. 부모님과 함께한다는 것 자체가 다 좋았던 것 같다. 더 나이 드시기 전에 더 많은 추억을 쌓아야겠다고 생각하지만, 마음처럼 되지는 않는다.

나는 그렇게 세 번 보타닉 가든에 가봤는데, 남편은 이곳에 살면서 한 번도 가보지 못했다고 한다. 그래서 이번에 마음먹고 보타닉 가든에 가보자며 인터넷을 검색해 봤더니 입장료를 받는다고 한다. 기억이 가물가물하지만, 예전에는 주차비만 냈던 것 같은데, 2021년부터 입장료가 생겼다고 한다. 그런데 도서관 카드가 있으면 뮤지엄 패스로 주차비와 입장료 없이 무료로 갈 수 있다는 정보를 찾았다. 문제는 도서관 카드가 없다. 나는 도서관을 이용할 때마다 항상 게스트 카드를 받아서 이용했었다. 이 기회에 도서관 카드를 만들었다. 이제 뮤지엄 패스를 신청해야 하는데, 도서관 직원이 말하길 할당된 표가 소진되면 다음 표가 나올 때까지 기다려야 한다고 했다. 다음 날 아침에 오프닝 표가 있을 거라고 그때 신청하라고 했다. 결국, 이날은 무료로 보타닉 가든에 갈 수 없다는 말이었다.

참고로 티켓 가격이 1인당 21.95불이고, 주차 요금은 10불이었다. 몰랐으면 그냥 가겠지만, 알고 나서 돈을 내고 가자니 50불이 아깝게 느껴졌다. 결국 남편과 나는 다음 주에 무료로 가기로 했다.

그래서 오늘의 일정을 변경! 밖에 나온 김에 가게에 필요한 장을 보러 레스토랑 디포에 가기로 했다. 레스토랑 디포는 식당이나 교회 등에서 도매로 물건을 사는 곳이다. 오늘은 비록 보타닉 가든에 가지 못했지만, 도서관 카드를 만들어서 괜히 기분이 좋았다. 도서관에 갈 때마다 느끼는 것이지만 그곳에 일하시는 직원들은 매우 친절하다. 미국에서 상처받거나, 마음의 안정이 필요할 때 도서관을 찾으시라고, 그곳에서 치유하라고 권하고 싶을 정도다.

❋

일주일 후, 드디어 보타닉 가든에 가게 되었다. 남편은 한 번도 가본 적이 없다며 어린아이처럼 들떠 있었고, 그 모습에 나도 괜스레 기분이 좋아졌다. 날씨는 쌀쌀하고 비 예보도 있었지만, 식물원에 있는 동안 비는 내리지 않아 다행이었다.

보타닉 가든은 오늘도 사람들로 북적였다. 아직 철이 아니어서인지 꽃은 그리 많지 않았다. 남편은 큰 호수에서 물고기들을 보며 한참을 보냈다. 호수 안에는 물고기들이 알을 낳고 주위를 지키고 있었고, 다른 물고기들은 그 알들을 먹으려 서성이고 있었다. 그곳에서 만난 중년의 어르신은 물고기에 대한 해박한 지식을 가지고 있었다. 낚시를 좋아하는 남편은 어르신과 물고기에 관해 이야기를 나누며 새로운 것을 알게 되어 좋아했다.

예전에 왔을 때도 트램이 있었을 텐데, 그때는 몰랐다. 갈 때마다 새로운 것을 발견하는 것 같다. 날씨는 흐리고 비가 금방이라도 쏟아질 듯했다. 그런데 운 좋게도 우리가 탄 트램이 그날의 마지막 트램이었다. 트램 투어 중에 날씨가 점점 추워져서 오한이 느껴졌다. 몸을 녹이러 온실에 갔는데, 이전에 부모님과 왔을 때처럼 화려한 선인장꽃이며 열대야 꽃들이 만발하진 않았다. 그래도 쌀쌀한 바깥과는 달리 온실 안은 나름 따뜻했다. 들어서는 순간 어릴 적 비닐하우스에서 모종을 심던 기억이 떠올랐다. 거름 냄새 나는 흙과 약간의 습기가 어우러져 추운 몸을 녹이기에 완벽했다.

재패니즈 가든과 잉글리시 가든도 둘러보았다. 날씨 탓에 몇 군데는 가보지 못했지만, 오늘의 투어를 마치기로 했다. 남편은 돈을 내고 갔다면 조금 아쉬웠을 경치라고 말했으나, 처음 방문한 보타닉 가든에 만족해했다. 다음에는 꽃이 만발할 때 다시 오자고 했다. 날씨가 급격히 쌀쌀해지고 있어 서둘러 집으로 돌아가기로 했다. 우리가 주차장을 나선 지 10분쯤 지나자, 비가 한두 방울씩 내리기 시작했다. 만약 비를 맞았다면 감기에 걸릴 확률이 백 퍼센트였을 것이다.

주로 남편이 시카고의 명소에 나를 데려갔지만, 이번에는 내가 가이드를 맡아 남편이 처음 가보는 보타닉 가든을 안내하게 되었다. 남편을 안내하며 이곳저곳 설명해 주는 새로운 경험을 함께할 수 있어 뿌듯한 하루였다.

핑거 프린트

드디어 지문을 찍고 영주권에 들어갈 사진을 찍는 날이다. 자기 나라가 아닌 타국에 살고 있는 모든 사람은 합법적인 신분을 유지하기 위해 노력한다. 저마다 영주권을 받기까지 스토리 하나씩은 누구나 있을 것이다. 어떤 분은 영주권을 받으려고 몇천 불씩 사업체에 돈을 투자하고, 또 어떤 분은 영주권을 받을 때까지 부당한 처우를 받아도 말도 못 하고 밤낮으로 일을 하기도 한다. 혹시나 영주권 고용주 사업체에서 문제가 생겨 영주권을 못 받게 될까 봐 마음을 졸였다는 하소연은 어디서도 쉽게 들을 수 있다.

사기도 아는 사람한테 친다고 남의 나라에서 같이 고생하며 한민족이라고 믿고 정주고 그랬는데, 안타깝게도 이를 이용하려는 사람들도 많다. 만약 이민을 생각하고 있다면, 모두가 좋은 사람은 아니니 의심 또 의심하고, 스스로 공부하고 찾아보지 않으면 안 된다. 또한, 영주권이나 시민권을 약속하는 사람들에 대해 너무 쉽게 현혹되지 말고 먼저 꼼꼼히 알아보는 것이 중요하다. 그렇지 않으면 이민 사기를 당할 수 있다는 걸 명심하자.

핑거 프린트하는 곳은 집에서 30분 정도 떨어진 곳이다. 통지서와 신분증을 가지고 15분 전에 오라고 했는데, 우리는 30분 전에 도착해서 차 안에서 기다리다가 15분 남기고 문 앞에 줄을 섰다. 먼저 통지서와 신분증을 체크하고, 대기실에서 기다리면 이어 지문 채취와 사진 촬영이 있다. 총 10분 정도 소요되었으니, 진행은 빠르게 이루어졌다. 바쁘지 않은 것도 있었지만, 미국의 관공서답지 않게 일 처리가 너무 빠른 게 당황스럽기까지 했다.

이제 거의 다 왔다. 오랜 시간이 걸렸지만, 우리가 신분을 바꾸게 되기까지 조금만 더 걸으면 된다. 잘 마무리되어서 하루빨리 남편도 홀로 계신 연로한 어머님을, 영상이 아닌 서로 손을 맞잡고 만날 수 있기를 기대해 본다.

✳

 이민을 고려한다면 가장 먼저 현지에서 안정적인 신분을 확보하고, 그다음으로는 그 나라의 언어로 소통할 수 있는 능력을 갖추는 것이 중요하다. 그렇다면 어디서든 쉽게 직장을 구할 수 있다. 그리고 경제적 여유가 있다면 어느 나라에 가더라도 편안하게 살 수 있다. 모든 걸 갖춘 상태에서도 모국을 떠나 살다 보면, 적어도 3년에서 길게는 5년 동안 모국에 대한 그리움, 친구들, 가족들을 향한 마음은 점점 더 커지고, 그 감정은 쉽게 수그러들지 않는다.
 여기서 살고 계신 경제적 여유가 있으신 어르신들은 습관처럼 말씀하신다. "어휴, 이제 한국에서는 못 살아. 이것도 안 좋고, 저것도 안 좋고…." 하지만 매년 한국에 또 가신다. 말로는 불만이 가득한 것 같지만, 고국이 그리워서, 잊지 못해서 다시 찾는다. 결국, 가장 좋은 건 비자나 영주권 걱정 없이 말이 통하는 모국에서 함께 노력하며 사는 것일지 모른다.
 인생을 살면서 잠시 주춤하거나 뒤로 밀려나기도 하지만, 우리는 서로가 있기에, 서로의 힘으로, 다시 앞으로 나아가고 있다. 남들처럼 빠르지 않을 수도 있지만, 천천히 다시 시작하고, 그 과정을 멈추지 않는 한 새로운 기회를 만들어 갈 수 있다.

에필로그

이 책을 마무리하며, 내 삶을 돌아보니 수많은 도전과 넘어짐 속에서 다시 일어서기를 반복했던 시간이었다. 이민자의 길은 절대 평탄하지 않았다. 처음 미국 땅을 밟았을 때의 설렘과 두려움, 언어의 장벽, 문화의 차이, 그리고 경제적 어려움마저, 모든 게 나를 압도했다. 그러나 그 혼란 속에서도 나를 지탱해 준 것은 나 스스로에 대한 믿음과 나를 도와준 사람들의 진심 어린 손길이었다.

내가 겪은 가장 큰 깨달음은, 아무리 혼자서 강하게 버틴다 해도 결국엔 누군가의 도움과 따뜻한 마음이 필요했다는 것이다. 이방인으로 산다는 것은 생각보다 험난했고, 때로는 내가 가진 모든 걸 내려놓고 싶은 순간들도 많았다. 그때마다 나를 붙잡

아 준 것은, 내 주변 사람들의 존재였다. 주변의 따뜻한 손길이 없었다면, 나는 지금의 내가 되지 못했을 것이다. 때론 불편한 관계나 잘 알지 못하는 사람들의 선의와 우연히 마주친 이들의 격려가 나를 지탱해 주었다. 그들의 진심 어린 도움과 지지 덕분에 나는 다시 일어설 수 있었고, 이민자의 삶을 견딜 수 있었다. 그리고 나는 그들의 힘을 빌려서 내 이야기를 한 걸음 한 걸음 써 내려갈 수 있었다.

이민 생활은 늘 새로운 도전의 연속이지만 그 안에서도 희망을 찾는 법을 배웠다. 우리의 인생은 마치 날씨 같다는 생각이 든다. 궂은날도 있고, 맑은 날도 있다. 때로는 비 오는 날에 행복을 만끽하듯이, 궂은날에 우리는 인생을 배우게 된다. 중요한 것은

변화무쌍한 날씨를 우리가 어떻게 맞이하느냐이다. 그리고 우리에게 희소식은 날씨도, 인생도 대체로 맑은 날이 더 많다는 사실이다. 아무리 어려운 순간도 영원히 계속되지는 않는다. 살다 보면, 언젠가는 그 모든 시간이 의미 있는 순간으로 다가온다는 걸 알게 되었다. 이 글이 나와 같은 길을 걷고 있는 누군가에게 조금이나마 위로와 힘이 되길 바라본다.

끝으로, 사람은 누군가의 도움을 통해 더 강해진다고 믿는다. 내가 그랬듯이, 독자 여러분도 그런 도움을 통해 자신의 길을 더욱 단단히 걸어가길 바란다. 내가 걸어온 길이 어제보다 조금 더 밝은 오늘을 만들었다고 믿으며, 내일은 더 나은 날이 될 거라는

희망을 품고 앞으로도 한발 한발 뚜벅뚜벅 걸어 나갈 것이다. 이 글을 읽는 여러분도 어떤 어려움이 있더라도 자신의 길을 포기하지 않고 끝까지 걸어가길 바란다.

이 가을, 우리 피자 가게는 따뜻한 피자를 찾는 손님들로 여전히 활기차게 운영되고 있다. 손님들과 함께 지지고 볶으며 나누는 대화와 웃음 속에서 우리는 인생의 소중한 순간들을 계속해서 쌓아 가는 중이다. 시카고의 겨울은 춥지만, 마음을 따뜻하게 해주는 추수감사절, 크리스마스, 연말연시의 홀리데이Holliday가 벌써 기다려진다. 피자 굽는 냄새와 사람 냄새 가득한 시카고의 작은 피자 가게에서 나의 삶은 더 무르익게 될 것이다.

감사의 글

미국에서의 거의 모든 순간을 나의 곁에서 함께 해준 남편에게 깊은 감사를 전해 봅니다. 내가 힘들고 지칠 때, 혹은 불평불만이 쏟아져 나올 때도 남편은 흔들림 없이 묵묵히 그 자리를 지켜 주었습니다. 나의 부족한 면까지도 있는 그대로 받아 주고 감싸 주었으며, 무엇보다 늘 나를 더 나은 사람으로 만들어 주었습니다. 한결같이 나에게 용기와 자신감을 불어넣어 준 그의 따뜻한 지지와 사랑이 있었기에 나를 일으켜 세울 수 있었고, 새로운 도전을 향해 나아갈 수 있었습니다. 나의 삶 속에서 든든한 버팀목이 되어준 남편에게 진심으로 감사의 마음을 전합니다.

아무렇게나 적어둔 일기 같은 글을 정성스럽게 다듬어 주신

김유승 선생님께 진심으로 감사드립니다. 선생님의 섬세한 편집 덕분에 글의 본래 감정과 뜻이 그대로 살았으며, 훨씬 아름답고 정교하게 완성되어 이 책이 깊이 있고 의미 있는 작품으로 거듭날 수 있었습니다. 이렇게 귀한 결과물을 만들어 주신 것에 깊이 감사드립니다.

또한, 처음에는 '내가 무슨 글을 쓰겠어?'라는 생각에 주저했지만, 글을 쓰며 나의 인생을 되돌아보는 귀한 시간을 가질 수 있었고, 그 과정에서 새로운 기쁨을 찾을 수 있었습니다. 이 책을 준비하는 동안 내가 얼마나 많은 사람의 도움으로 살아왔는지 다시금 깨달았고, 이제는 나도 누군가에게 힘이 되는 사람이 되고 싶다는 마음이 들었습니다. 이런 기회를 만들어 주고, 이 책이 세상에 나올 수 있도록 처음부터 끝까지 용기를 북돋아 준 친구에게도 특별한 감사를 전하고 싶습니다.

마지막으로, 이 책을 읽고 계신 독자 여러분께 진심으로 감사의 말씀을 드리고 싶습니다. 제가 전문적인 작가가 아니기에 글이 매끄럽지 않고 부족한 부분이 적잖이 있었으리라 생각됩니다. 그런데도 끝까지 읽어주신 데 대해 깊은 감사의 마음을 전합니다.

저는 큰 부를 쌓은 사람도 아니고, 특별한 업적을 남긴 사람도 아니지만, 인생을 살아오며 무엇보다 소중한 것이 사람의 '정'이라는 것을 알게 되었습니다. 사람과의 관계 속에서 나누는 작은 온정과 배려가 얼마나 큰 힘이 되는지 깨달았고, 그것만으로도 제 삶은 아주 값지다고 생각합니다. 하루하루를 감사한 마음으로 살아가는 이유도 그 안에 있는 것 같습니다.

저를 아껴주고 함께 해준 모든 분이 있었기에 오늘의 제가 존재할 수 있었습니다. 독자 여러분도 제 삶의 일부분이 되어 주셨고, 여러분의 시간과 마음이 이 책을 통해 연결되어 있다는 사실에 무한한 감사와 감동을 하게 됩니다. 끝까지 함께해 주신 여러분께 다시 한번 감사드리며, 이 책이 여러분의 삶에 조금이나마 도움이 되고, 작은 위로와 따뜻한 힘이 되기를, 그리고 늘 감사와 행복이 가득하기를 간절히 바라봅니다.

— 시카고에서 기혜리 올림

어쩌다 보니, 시카고의 피자 레이디

ⓒ 기혜리(Ki Hye-Ri), 2024

초판 1쇄 인쇄 2024년 11월 6일
초판 1쇄 발행 2024년 11월 13일

지은이 기혜리(Ki Hye-Ri)
펴낸곳 초록펭귄
편집 김유승
디자인 더디앤씨 www.thednc.co.kr

등록 2021년 1월 28일 제2023-000048호
홈페이지 greenpenguin.co.kr
전화 02-383-0830
팩스 0502-304-2831
이메일 greenpenguin124@daum.net

ISBN 979-11-987416-2-2 (03810)
값 18,000원

* 이 책의 일부 또는 전부를 재사용하려면 반드시 저작권자와 초록펭귄 양측의 동의를 얻어야 합니다.
* 잘못된 책은 구입하신 곳에서 교환하실 수 있습니다.